어른의 삶으로
그림책을 읽다

생애 여름 03

어른의 삶으로 그림책을 읽다

초판 1쇄 2022년 12월 19일
2쇄 2023년 6월 10일

지은이 김진향, 김태은, 김혜경, 김혜련, 이은경, 정수정, 최혜정
펴낸이 최혜정
펴낸곳 도서출판 생애
출판등록 2019년 9월 5일
　　　　　제377-2019-000077호
주소 수원시 팔달구 권광로 373
메일 saengaebook@naver.com

디자인 (주)디자인집 02-521-1474

ISBN 979-11-981125-0-7 03800

※ **생애 여름**은 도서출판 생애의 '에세이'입니다. 여름 햇살처럼 뜨거운 생의 열정들을 엽니다.
※ 이 도서는 한국출판문화산업진흥원의 '2022년 중소출판사 출판콘텐츠 창작 지원 사업'의 일환으로 국민체육진흥기금을 지원받아 제작되었습니다.
※ 저작권법에 의해 보호받는 저작물이므로 무단 전재와 복제를 금합니다.

어른의 삶으로
그림책을 읽다

김진향
김태은
김혜경
김혜련
이은경
정수정
최혜정

지음

들어가며

어른의 삶으로 그림책을 읽다

졸린 눈을 비비며 욕실로 들어갔습니다. 다시 시작할 하루가 감사하기도 하고, 버겁기도 한 순간이었습니다. 그런데 거울 앞에 서는 순간, 깜짝 놀랐습니다. 거울에 나타나야 하는 얼굴은 내 얼굴인데, 거울 속에 서 있는 것은 나의 엄마였거든요. 중년의 나의 엄마, 내 모습은 그렇게 엄마를 닮아가고 있었습니다. 거울이 나의 현재만 비춰주는 줄 알았더니 나의 삶 전체를 비춰주고 있었다는 걸 그제야 깨닫게 되는 아침이었습니다.

거울뿐만 아니라 문학 또한 그렇습니다. 문학은 책을 읽는 독자 개개인의 삶을 건드리고 내면의 자아를 비춰보게 합니다. 현재의 삶을 바라보게 할 뿐 아니라 과거에 어떤 삶을 살았는지, 미래의 나는 어떻게 살아갈 것인지를 묻고, 고민하게 합니다. 문학 속 화자가 읊어놓은 세상이 마치 나의 세상 같아지는 순간, 독자는 거울을 보듯 환하게 자신을 바라보게 됩니다.

그렇다면 그림책은 어떨까요? 그림책은 메시지를 전달하는 힘 있는 도구 두 가지가 협력을 하고 있습니다. 글과 그림이지요. 그림책 속 글은 문학입니다. 함축적이고 문학적인 글로 삶을 들여다보게 합니다. 그림책의 그림은 시각 예술입니다. 독자는 그림이 주는 예술적 감흥에 감동하고, 카타르시스를 느낍니다. 문학적 글과 아름다운 그림이 결합하여 더 멋진 예술을 만들어낸 것이 그림책입니다. 이렇게 훌륭한 그림책을 읽고 어떻게 감동하지 않을 수 있을까요? 어떻게 생각을 잠아두고 싶지 않을까요?

'세모그네'(세상에 모든 그림책을 네게 줄게)는 그렇게 그림책을 읽고 쓰기 위해 만났습니다. 매주 목요일 밤, 그림책을 함께 읽으며 깔깔거리기도 하고, 훌쩍이기도 하며 그림책을 누렸습니다. 그림책에서 얻은 감동을 글로 남기며 일상의 분주함과 팍팍함에서 벗어날 수 있었습니다.

어른이 그림책을 읽는 이유는 지우고 싶었던 내면 아이를 그림책이 발견하여 도닥여주기 때문입니다. 잊고 살았던 인생의 아름다움을 다시 만나게 하기 때문입니다. 정말 정말 몰랐던 진짜 내 모습을 비로소 깨닫게 해주기 때문입니다.

박완서 작가님의 산문집 『못 가본 길이 더 아름답다』(현대문학, 2010)에는 이런 글귀가 있습니다.
"심심하고 심심해서 왜 사는지 모르겠을 때도 위로받기 위해 시를 읽는다.
등 따습고 배불러 정신이 돼지처럼 무디어져 있을 때 시의 가시에 찔려,
정신이 번쩍 나고 싶어 시를 읽는다.
나이 드는 게 쓸쓸하고, 죽을 생각을 하면 무서워서 시를 읽는다." (일부 발췌)

이 글을 보자마자 그림책이 떠올랐습니다.
"심심하고 심심해서 왜 사는지 모르겠을 때도 위로받기 위해 그림책을 읽는다.
등 따습고 배불러 정신이 돼지처럼 무디어져 있을 때 그림책의 가시에 찔려,
정신이 번쩍 나고 싶어 그림책을 읽는다.
나이 드는 게 쓸쓸하고, 죽을 생각을 하면 무서워서 그림책을 읽는다."

이렇게 그림책을 읽을 수 있어서 참 좋았습니다. 함께 모여 그림책을 읽고 글쓰

기 했던 시간의 기록들을 여기 『어른의 삶으로 그림책을 읽다』에 모아두었습니다. 맛 내지 않은 날 것 같은 우리의 이야기가 여러분의 삶의 이야기가 되어 함께 울고 웃을 수 있었으면 좋겠습니다. 그래서 우리가 누렸던 그림책 읽기의 행복이 고스란히 전해졌으면 좋겠습니다. 더불어 어른들도 그림책과 친해지면 행복해진다는 걸 전할 수 있으면 참 좋겠습니다. 세상이 팍팍하고 힘들게 느껴지는 날, 눈물 한 바가지 펑펑 쏟고 싶은 날, 마음이 너무 추워 따듯한 위로가 필요한 날, 그림책 한 권을 손에 들게 되길 바라봅니다.

『어른의 삶으로 그림책을 읽다』에는 '그림책이 어른의 삶에 던지는 질문'들도 뽑아놓았습니다. 세모 그네가 그림책을 읽고 각자의 삶에 던졌던 질문들입니다. 이 질문들을 가만히 심장에 들여놓는 순간, 숨겨져 있던 진짜 자신을 발견할 수 있을 것입니다. '어른의 삶으로 동화 읽기'도 보너스처럼 담아두었습니다. 복잡한 삶의 문제에 지치고 피곤할 때 아이들의 마음으로 세상을 그리는 그림책과 동화책을 함께 읽으면 효과 좋은 비타민을 먹은 것처럼 일상의 피로감이 깨끗이 해결될 수 있답니다. 읽어보지 않고는 그 효과를 알 수 없겠죠?

초대합니다.
함께, 어른의 삶으로 그림책을 읽어볼까요?

세상에 모든 그림책에 경의를 표하며
일곱 명의 세모 그네 글쓰기 친구들을 대표하여
최혜정

목차

들어가며
어른의 삶으로 그림책을 읽다　　　　　　　　　　　　　　　　　005

나를 찾아가다

울라가 되어 『브루노를 위한 책』　　　　　　　　　　　　　　　015
부지런하게, 용기 있게 나를 사랑하기 『노스애르사애』　　　　　021
내가 나와 친구 되어 주기 『행복한 여우』　　　　　　　　　　　026
천천히, 느리게 살기의 행복 『슈퍼 거북』　　　　　　　　　　　030
나에게 어울리는 '새 옷' 찾기 『새 옷』　　　　　　　　　　　　035
나의 키오스크 『키오스크』　　　　　　　　　　　　　　　　　040
누구씨처럼 사랑하기 『있잖아, 누구씨』　　　　　　　　　　　046

사랑에 관하여

나의 첫사랑 이야기 『진짜 진짜 거짓말 아니야』　　　　　　　053
그날 우리는 『엄마 아빠 결혼 이야기』　　　　　　　　　　　　057
둘이 만나 하나가 된다고? 『플로랑스와 레옹』　　　　　　　　062
사랑이 뭐예요? 『사랑 사랑 사랑』　　　　　　　　　　　　　067

팔랑팔랑, 살랑살랑 『팔랑팔랑』	072
우리 부부 이야기 『7년 동안의 잠』	076
가슴 설레며 기다립니다 『나는 기다립니다』	081

엄마가 되어

'엄마'라는 호칭에 담긴 백만 볼트 에너지 『아빠는 내가 지켜줄게』	089
너는 내 기적이야 『너는 기적이야』	093
너만의 날갯짓을 하렴 『난 나와 함께 갈 거야』	098
'노'를 든 딸에게 『노를 든 신부』	103
힘들어도 언제나 다시 만나야 할 아들이라는 세계 『언제나 다시 만나』	108
다양함이 조화를 이루기까지 『일곱 마리 눈먼 생쥐』	114
아름다운 이별에 관하여 『코딱지 할아버지』	119

나의 사랑, 나의 가족

엄마도 엄마가 필요할 때 『세 엄마 이야기』	127
기억 『옥춘당』	132
대단한 가족의 대단한 응원 『대단한 무엇』	137
마이볼! 제가 잡았어요. 아빠! 『마이볼』	141
다시 카약을 탈 수 있을까? 『노란 카약』	146
동상이몽 '토토' 『달려 토토』	152
소년 중앙과 보물섬 『막대기 아빠』	157

함께 살아가기

가는 '핑'이 고와야 오는 '퐁'이 곱다 『핑』	165
모두가 다 달라서 더 아름다운 세상 『우리는 최고야』	169
믿음 덕분에 살 만하다 『나는 당신을 믿어요』	173
마음을 알아주는 사람이 있나요? 『하늘을 나는 사자』	178
떼쟁이 호랑이에게 『친구의 전설』	183
나의 가드, 그리고 맷집 『가드를 올리고』	188
기억의 풍선 채우기 『기억의 풍선』	194

일하는 내가 좋다

행복한 도서관을 꿈꾸며 『도서관』	201
작고 사소한 '때문에' 벌어지는 어마어마한 일 『때문에』	205
그 소녀를 추억하다 『곰씨의 의자』	210
순서이 어려움 『아기는 어떻게 태어날까』	215
삽질의 시간 - 나의 구덩이 『구덩이』	219
나의 소중한 취미(?) 생활 『그래봤자 개구리』	224
오만과 겸손 『꽃을 선물할게』	229

아직 남은 이야기

그림책을 읽는 이유 『미어캣의 스카프』	237
당신 덕분입니다 『우리가 잠든 사이에』	242

오늘은 내게 주어진 선물 『오늘 상회』	246
반성이 필요한 건 어른들이다 『레스토랑 sal』	251
나도 한때는 『나는 한때』	255
우리 집 어린이 『내가 아빠에게 가르쳐 준 것들』	260
두 발을 땅에 붙이고 『나의 프리다』	265

나가며
고맙다! 그림책! 269

글쓴이들 소개 270

나를 찾아가다

거울은 수진이 누구인지 알려주었어.
"나는 뭐든지 될 수 있어."
수진은 힘차게 날아올랐어.

『새 옷』(조예슬, 느림보) 중에서

울라가 되어

『브루노를 위한 책』
니콜라우스 하이델바흐 글그림
김경연 옮김 | 풀빛

어릴 때 우리 집에는 전래동화전집이 있었다. 있었던 건 기억나는데 읽은 기억은 없다. 엄마 옆에 누워서 엄마가 각색해서 들려주는 이야기를 들은 기억만 있다. "토끼와 거북이 이야기해줘."하면 엄마는 웃으면서 "또 그 이야기?"하며 나와 동생 사이에 누워 재미있는 이야기를 들려주곤 하셨다.

초등학생이 되고 새로운 전집이 생겼다. 그때도 나는 책에 관심이 없었던 것 같다. 그 책들도 읽은 기억이 별로 없다. 이 전집은 세 분야로 분류되어 있었고 분야별로 책의 뒤표지 색깔이 달랐다. 나는 빤딱빤딱한 새 책들을 뒤집어 "분홍색 다섯 권으로 거실, 파란색 세 권으로 주방…"하며 인형놀이할 때만 알차게 이용했었다.

중학교 입학을 앞두고 동네 공부방을 다녔다. 대학생이었던 선생님들은 우리가 책을 더 가까이했으면 하는 마음이셨는지 중고 책들을 모아 공부방 한 켠에 책장을 마련하셨다. 갑자기 생긴 책장에 어떤 책들이 있는지 궁금해서 주욱 둘러보았었다. 책에는 별로 관심이 없던 내가 갑자기 무슨 호기심이었는지, 사춘기를 앞둔 소녀의 지적 허영심이었는지, 새로운 공간과 시스템을 이용해보고 싶은 얼리어답터의 마음이었는지, 어쨌든 누렇게 빛바랜 토마스 하디의 『테스』를 빌렸다. 하지만 열세 살, 나의 작고 좁은 세상에서는 도저히 이해할 수 없었던 다른 문화와 내용에 깜짝 놀랐고 이게 뭔가 싶어 공부방의 다른 책들을 읽어볼 생각은 일찌감치 접었다.

성장하면서 항상 책이 가까이에 있었다. 엄마는 책 읽는 것을 좋아하셨다. 내 이름도 소설책의 등장인물 이름에서 따왔다고 한다. 아빠는 매일 여러 개의 신문을 읽으셨다. 동생도 책 읽는 것을 좋아했다. 그래서 집에는 늘 책 읽는 사람과 읽을거리들이 있었다. 하지만 나에게 책을 적극적으로 권한 사람은 없었고, 책이 얼마나 재미있는 것인지 알려준 사람도 없었다. 그리고 안타깝게도 내 나이에 맞고 내 취향에 맞아 푹 빠져들어 읽을만한 책을 만나지 못했었다.

내가 책의 재미를 알게 된 건 많이 커서다. 수능에 나오는 단편 모음집 같은 책을 읽으면서 여전히 책에 흥미를 못 느끼던 시절, 아빠가 재밌다길래 읽어 본 성공한 사람들의 자서전과 엄마가 권해 준 『아버지』, 『그러니까 당신도 살아』 같은 책들을 읽으면서 차차 책의 재미를 알게 되었다. 한 권 한 권 읽다 보니 책 취향이 생겼고 좋아하는 작가도 생겼다. 점점 읽는 책이 확장되었고 내 세상도 더 풍성해졌다.

그러다보니 예전의 나처럼 책의 세계로 들어가게 해줄 한 권의 책을 아직 찾지 못한, 책의 즐거움을 아직 맛보지 못한 사람이 있다면 나서서 마중

물 역할을 해 줄 수 있는 그런 책을 찾아주고 싶다.

『브루노를 위한 책』에는 책을 좋아하는 울라와 책에는 전혀 관심 없는 브루노가 나온다. 울라는 브루노와 함께 책을 보고 싶어 꾀를 내어 흥미진진한 책의 세계로 브루노를 데려간다. 친구를 따라 낯선 곳으로 향하는 브루노는 아직 두렵다. 가름끈에 매달려 행복하게 책 속으로 날아 들어가는 울라를 붙잡고 긴장한 표정으로 책 안으로 들어간다. 그런데 책의 세계에 도착하자마자 울라는 드래곤에게 잡혀 바다 한가운데 섬에 갇힌다. 이제 울라를 구하기 위한 브루노 혼자만의 모험이 시작된다. 그리고 브루노는 그 모험을 성공리에 마친다. 드래곤을 물리치고, 잡혀간 울라를 구해 함께 책 밖으로 나온다. 책에서 나올 때 브루노의 표정은 들어갈 때와 아주 다르다. 모험을 끝내고 책을 덮은 브루노는 다음으로 읽을 책을 찾는다.

책을 권하는 기쁨을 처음 안 것은 학생들에게 공부를 가르칠 때였다. 차분하고 성실하나 교과목 이해가 어려운 친구가 있었다. 문제를 풀 때면 늘 눈에 띄게 긴장을 했다. 이제 겨우 4학년 아이인데 지금 당장 한 문제를 더 맞히는 것보다 앞으로의 긴 인생 앞에 놓일 수많은 문제 앞에서 긴장하지 않고 차분하게 자기 능력을 발휘할 수 있게 돕고 싶었다. 그래서 그 아이와의 수업 전엔 가벼운 이야기를 하며 긴장부터 풀어주었다.

말을 많이 더듬는 친구였는데 이런저런 이야기를 나누다 보니 어느 날인가부터는 말을 거의 더듬지 않고 자기 이야기를 들려주는 수다쟁이가 되어있었다. 자기 이야기를 신나게 하고 나면 문제도 잘 풀었다. 주말을 앞두고 아이에게 정말 재밌는 책이 있는데 혹시 읽고 싶다면 빌려주겠다고 했다. 나는 의도했다. 담임 선생님에게는 부진아로 낙인찍히고, 부모님은 바쁘시고, 나이 차이가 크게 나는 대학생 형과는 거의 만나지도 못하고, 혼자 보내는 시간이 많은 이 아이에게 친구가 되어 줄 수 있는, 어쩌면 그보다 더 큰 일을 해줄 수도 있는 책 친구를 자연스럽게 소개해 주고 싶었다.

월요일, 책을 꼭 안고 교실로 뛰어 들어온 아이는 책이 정말 재미있었다며 활짝 웃었다. 책이 이렇게 재밌는지 몰랐다면서 한껏 들떠있었다. 수업이 끝나고 우리는 같이 학교 도서관에 갔고 아이는 직접 책을 빌렸다. 빨리 집에 가서 책을 읽고 싶다고 함빡 웃으며 집으로 돌아갔다. 마음이 따뜻해졌다. 내가 이 아이의 새로운 세상을 여는 데 조금이라도 도움을 준 것이었으면 좋겠다고 생각했다.

얼마 전 아이 학교에 계절 학교 교사로 참여하여 '그림책을 읽어드립니다.'를 진행했다. 열댓 명의 장난기가 가득한 남자 아이들이 옹기종기 앉아있었다. 조금만 지루해져도 집중력이 확 떨어질 요 개구쟁이 아이들과 어떻게 한 시간 이상 그림책 세계에서 즐거운 시간을 보낼 수 있을까 궁리하고 미리 계획을 세웠다.

'제일 먼저 무조건 웃긴 책을 웃기게 읽어준다. 반응이 좋으면 그 책 시리즈 한 권을 더 읽어준다. 아이들이 책의 세계로 들어왔다 싶으면 차분히 생각할 거리가 있는 책들로 넘어간다. 그러다 따뜻한 교실 바닥에서 아이들이 슬슬 졸리기 시작할 무렵에 무서운 책으로 잠을 확 깨우고 마지막은 책을 길게 쭉 펼쳐서 여러 명이 함께 읽을 수 있는 《수잔네》 시리즈로 마무리

한다.'

　나의 계획은 중간에 가름끈을 놓아버리는 아이 없이 성공적으로 끝났다. 수업 시작 전에 "책, 시시한데~"하던 친구들도 점점 앞쪽으로 자리를 옮겨 앉았고 같이 읽었던 책을 혼자서도 여러 번 다시 읽는 친구들도 있었다. 그 반짝이는 눈빛들 때문에 정말 설레었다. 나는 앞으로도 계속 누군가의 울라가 되어 책의 세계로 많은 이들을 초대하고 싶다.

● 김혜련

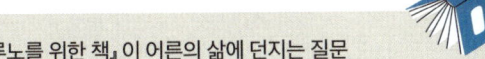

『브루노를 위한 책』이 어른의 삶에 던지는 질문

나의 삶을 바꾸어 놓은 나만의 인생 책은 무엇인가요?

어른의 삶으로 동화 읽기

『책만 보는 바보』 안소영, 보림

　간서치(看書癡), 책만 보는 바보라 불렸던 조선 시대 선비 이덕무와 그의 벗들에 관한 이야기입니다. 이덕무가 쓴 짧은 자서전 「간서치전」이 작품의 모티브가 되었습니다.
　너무나 가난하여 식구들의 끼니를 걱정해야 하고, 출신의 벽 때문에 높은 학식으로도 존경받을 수 없었던 시절, 책으로 연결된 친구들과 진정으로 서로의 마음을 이해하고 기쁨과 슬픔을 함께 나누었던 이덕무의 이야기가 펼쳐져 있습니다. 실학파로 우리에게 잘 알려진 연암 박지원, 담헌 홍대용을 비롯하여 박제가, 유득공, 백동수, 이서구 등 실존 인물들이 등장합니다.
　책으로 즐거웠던 인생, 책으로 다시 살아가는 인생, 책으로 만드는 친구들에 대해 깊이 있는 공감을 선사합니다.

부지런하게, 용기 있게 나를 사랑하기

『노스애르사애』
이범재 글·그림
계수나무

평소 남과 나를 비교하느라 자주 패배감과 불행감을 느낀다. 그러다 보니 자존감이 낮아서 자신을 제대로 사랑하지 못하는 것 같다. 왜 나는 있는 그대로의 나를 사랑할 수 없는 걸까? 분명 나에게도 장점이 있을 텐데 남들이 세워놓은 기준에 미치지 못하는 부분만 어쩜 그리도 속속들이 잘 찾아내서 스스로를 괴롭히며 사는지 모르겠다.

남들에게는 뻔한 듣기 좋은 말을 잘도 건네면서 정작 나 자신에게는 너무 인색한 날들이 이어졌다. '이만하면 괜찮다.'라고 스스로를 좀 다독이면서 살면 좋으련만 나쁜 습관은 쉽게 고쳐지지 않았다. 그러던 어느 날, 교실에서 읽어준 그림책 『노스애르사애』의 주인공인 작디작은 애벌레가 단단한 모습으로 자신만의 고유함을 지키는 모습을 보고 마음이 뜨끔했다. 정확히는 세상의 기준에 맞추려고 애쓰는 나의 불안감과 아들딸이 그 기준에 못

미치는 삶을 살게 될까 봐 조바심을 내는 속물근성이 부끄러웠다. 누구든 존재 자체로 귀하다는 사실을 자주 잊고 살았는데 이 작은 애벌레가 한편으로는 나를 부끄럽게 했고 또 한편으로는 용기 내라고 말해주는 것 같았다.

애벌레는 이렇게 묻는다.
'어떻게 꿈이 모두 같을 수 있지?'
그러게 말이다. 어떻게 모두 같은 꿈을 꾸며 같은 목표를 향해 가야 하는 것인지 우리는 의문을 품었어야 했다. 각자가 가진 재능과 흥미가 다르고 고유한 특성이 있는데 왜 모두 같아져야 하는지 반문하지 않고 살아온 것이 더 이상하지 않은가. 주인공 애벌레는 친구들이 모두 나비가 되어 날아간 후에도 알록달록한 '애벌레'인 채로 남았다. 그를 짠하게 생각하며 루저로 여길지도 모를 나 같은 사람들에게 보란 듯이, 계속 온갖 꽃을 먹으며 숲속의 친구들과 즐겁게 지내는 반전을 보여준다. 나비가 되어 날아가지 못해도, 꼭 뭔가가 되지 못해도 나름의 삶을 즐기며 행복할 수 있는 당찬 모습이다.

"왜 초록색이어야 하지? 난 빨간색이라서 더 좋은걸."하고 작은 애벌레가 당당히 말한 것처럼 남들이 세워놓은 기준에서 벗어나는 것을 두려워하지 말자. 이제는 남들의 시선에서 좀 자유로워지고 싶다. "왜 꼭 뭔가 성과를 내고 성공해야만 하지? 그냥 좋아하는 걸 즐기는 나로 살면 어때서!" 더 나아가 "입시에 조바심 내지 않고 느긋하고 행복할 수 있는 너라서 더 좋아. 너만의 길을 찾아."라고 아들에게 말해줄 수 있다면 아마도 내공의 끝판왕이 되겠지?

아이를 낳고 키우며 모성애를 끌어모아 아이에게 우선을 두고 사는 시간을 건너왔다. 이제는 '아이 돌봄'에서 좀 놓여나서 '나 돌봄'을 할 시간이라고, '모성애'를 끌어모으기보다 '자기애'를 끌어올려야겠다고 느꼈다. 살아가는 데 있어 자기애는 매우 중요하다는 걸 깨달으며 내가 나를 많이 사랑하기로 마음먹고 실행에 옮기는 중이다.

자신을 사랑하는 방법은 다양하다. 수많은 방법 중 자신에게 높은 만족감과 행복을 주는 방법을 찾아 그것을 반복하며 자주 누리면 된다. 그래서 내가 택한 방법은 자주 운동하며 건강한 몸을 가꾸는 것, 좋아하는 사람들과 모임을 하며 꾸준히 성장하는 것, 책을 읽고 글을 쓰며 마음을 가꾸는 것이다. 이슬아 작가도 그랬다. '글쓰기는 나 자신을 부지런히 사랑하는 일'이라고.

몸과 마음을 돌보며 가꾸는 일들에 시간을 쓰려니 부지런해져야 했다. 운동할 시간, 책 읽고 글 쓰는 시간을 내기 위해 다른 일들을 더 밀도 있게 하게 되었다. 주어진 하루를 어떻게 하면 더 촘촘하게 잘 살아낼까 궁리하다 보니 부지런해질 수밖에 없었다는 게 더 맞겠다.

애벌레가 부지런히 알록달록한 꽃을 먹고 친구들과 즐거운 일을 하며 보낸 것처럼 나도 내가 행복한 일을 하면서 즐겁게 지내야지. 나는 그냥 나니까 더 이상 비교하지 말자. 몸과 마음이 건강하고 행복한 내가 되는 것에 집중하면서 살아야 할 때가 되었다. 좀 더 부지런하게 나를 사랑하자.

생각하는 것, 마음먹은 것들이 눈에 보이는 순간이 있다. 분리수거일이라 나갔더니 버려진 책들 사이에서 눈길을 끄는 제목이 있었다. '나는 나를 사랑하고 싶다'. 이것 참 기가 막힌 타이밍 아닌가! 이제는 진짜 자신을 제대로 사랑해주라고 우주가 내게 보내는 신호일지도 모르겠다.

● 김진향

『노스애르사애』가 어른의 삶에 던지는 질문

타인을 좇아가는 삶이 아닌 나만의 삶을 살기 위해
버려야 할 집착은 무엇이 있을까요?

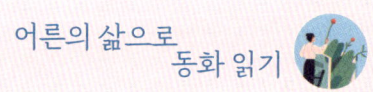

어른의 삶으로
동화 읽기

『일수의 탄생』 유은실 글, 서현 그림, 비룡소

    부모는 누구나 내 자식이 뛰어나게 되길 바랍니다. 그래서 이름조차도 그 소원을 담아서 짓게 되지요. 일등 할 때 '일'과 수재할 때 '수'가 합쳐져 '일수'라는 이름을 갖게 된 아이. 하지만 아주 특별한 아이가 될 거라는 부모의 기대와 달리 너무나 평범한 아이가 된 일수는 부모님의 기대에 미치지 못하는 자신에 대해 늘 고민합니다.

    일수의 고민은 일찍이 시작되지만, 어른이 되어서도 해결되지 않습니다. 자신의 쓸모를 찾기 위해 부단히 고민하는 일수의 모습이 익살스럽지만, 그 모습 속에 비치는 일수의 고민은 안쓰럽습니다. 나는 누구인지, 나의 가치는 누가 정하는지와 같은 속 깊은 고민을 엿볼 수 있습니다. 일수에게 가혹하게 여겨질 만큼 기대를 포기하지 않는 부모님의 모습을 보며 "이 책 동화책 아니고 육아서 아니야?"라고 생각했을 만큼 울림이 큰 이야기입니다.

내가 나와 친구 되어 주기

『행복한 여우』
고혜진 글·그림
달그림

붉은 털 여우를 만났다.

"이 숲에 나만큼 아름다운 여우는 없을 거야." 자신의 모습에 자신감이 넘쳤던 여우. 하지만 아름답던 붉은 털이 하얗게 변해감에 따라 여우는 하얀 털을 뽑고 붉은 꽃으로 가리기도 하며 모습을 감추고 싶어 한다. 그러나 결국 부끄러움을 견딜 수 없어 자신이 잘할 수 있고 그토록 즐거워했던 '꽃밭 가꾸기'도 하지 않고, 모두와 단절하며 동굴 속으로 숨어 버린다.

털이 하얗게 변해가는 것을 감추고 싶어 하는 여우의 마음은 무엇이었을까? 아마도 여우는 털이 모두 하얗게 변하면 자신이 엄청 이상한 모습이 될 거라는 불안감이 있었을 것이다. 그래서 다른 사람들이 자신을 좋아하지 않을 거라는 두려움도 덧붙여 생겼던 것이 아닐까? 붉은 털의 아름다움이 사라지면 으뜸의 자리에서 내려와야 한다는 패배감도 작용했을 것이다.

나에게 '여우의 붉은 털'은 무엇이었을까? '그것만이 날 아름답게 해줄 수 있다'라고 믿었던 '그것'은 무엇이었을까? 내 안에 구멍나 있는 '자기 결핍'을 엉뚱하게 다른 것으로 채우고 싶어 했던 엇나간 나의 욕구들이 그럴싸한 포장지가 되어 나를 가리는 도구가 되지 않았을까? 결국, 나는 내 존재를 고스란히 드러내는 것에 대해 스스로 제재를 가하고 선택적으로 재가공하여 다른 사람들 앞에 전시하면서 살아온 것이 아닌지 돌이켜 본다.

캄캄한 동굴 속에 스스로 갇힌 여우에게 흰 나비와 작은 새 한 마리가 나타나 여우의 존재를 아름답고 귀하다고 말해준다. 그제야 비로소 여우는 자신의 모습을 강물에 비춰보며 온통 하얀 털로 뒤덮인 자신을 바라보고 받아들인다. 여우가 자신의 하얀 털을 받아들일 수 있게 되었을 때, 여우의 일상은 다시 행복해지고 여우가 가꾼 아름다운 꽃밭은 숲속 친구들의 편안한 쉼터가 된다.

내가 나를 인정하지 못하고 자책하는 마음이 들 때, 우리는 흔히 깊은 동굴 속으로 들어가 숨게 된다. 아무것도 하고 싶지 않고, 보고 싶지 않고, 듣고 싶지도 않은 채로 숨만 쉬며, 자신을 부정하는 동굴 속에 갇힌다. 바라는 모습대로 되지 않는 자신을 몰아세우며, 좀 더 그럴싸한 결과를 가지고 오지 못한 자신을 냉대함으로 스스로를 더 외롭게 만든다. 나 역시 그랬다. 나를 더 따뜻하게 안아주지 못하고 성과와 능력을 중심으로 나를 몰아가는 습관이 나도 모르게 작동하곤 했다.

하얀 나비와 작은 새가 있는 그대로의 '존재로서 세워주는 사랑'으로 여우를 품어주었던 것처럼, 지금의 나를 있게 해준 하얀 나비와 작은 새들은 누구일까? 바로 가족, 친구, 선생님, 지인들이다. 그들은 치열한 세상에서 따뜻한 마음으로 '있는 그대로의 나'를 안아주었다. 그 분들이 있었기에 지금의 내가 있을 수 있음에 감사드린다. 그리고 나는 나 자신에게, 내 가족에게, 내 친구들에게 그리고 나를 만나게 되는 모든 이들에게 붉은 털의 아름다움만 비춰주는 눈이었나, 하얀 털의 아름다움을 말해주는 나비와 작은 새였나 다시금 되돌아보게 된다.

   나이 사십이 넘어서야 존재 자체를 인정해 준다는 것이 얼마나 귀한 일인지, 얼마나 어려운 일인지 조금씩 깨닫게 되었다. 내가 나를 오롯이 만나고, 인정해 주고, 공감해주고, 용서해주고, 사랑해주는 일에 어색했기에 이 또한 연습이 필요함을 알게 되었다. 여우의 털 색깔이 변하는 것처럼 내게 다가오는 여러 가지 변화가 때로는 내가 생각했던 것과 방향이 맞지 않을 수도 있다. 그럴 때 내가 스스로, 내 마음을 잘 읽어주고 공감해주는 '나비와 작은 새'가 되어 주는 연습을 꾸준히 해야겠다. 그리고 내가 만나는 모든 이들에게 붉은 털보다는 하얀 털의 아름다움과 여유를 말해줄 수 있는 사람이 되고 싶다.

● 김태은

『행복한 여우』가 어른의 삶에 던지는 질문

세월이 당신을 변하게 해도
변함없이 당신의 삶에 행복을 주는 것은 무엇인가요?

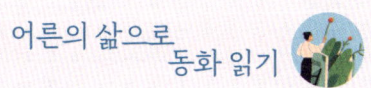
어른의 삶으로
동화 읽기

『거울 공주』 김경옥 글, 한수진 그림, 처음주니어

　주인공 선화는 거울 보는 시간이 가장 행복한 거울 공주입니다. 당연히 그녀의 최대 관심사는 외모지요. 못생긴 친구는 멀리하고 잘생긴 한별이를 좋아합니다. 하지만 자신을 떠받들어주던 친구와 자신이 무시했던 친구의 다른 면을 보게 되면서 외모지상주의에 대한 생각도 바뀌게 되고 얼굴보다 마음이 더 예쁜 아이로 성장해갑니다.
　아이가 뚱뚱하다고 다이어트를 시키고, 어린이에게 성형수술을 해주는 세태에 건강한 아름다움에 관한 건강한 생각을 '친구'라는 가치와 함께 건네주는 이야기입니다. 홈쇼핑만 틀면 다이어트약과 화장품이 판을 치지만 내면의 아름다움을 가꾸는 방법은 알기 어렵습니다. 하지만 이 동화를 가만히 읽고 있으면 외모지상주의에 뜨끔한 경종이 울리며 진정한 아름다움이 무엇인지 고민하게 됩니다.

천천히, 느리게 살기의 행복

『슈퍼 거북』
유설화 글·그림
책읽는곰

학창 시절 나는 점심 도시락을 제일 먼저 꺼내놓아도 제일 늦게까지 먹는 아이였다. 느리게 먹는 습관은 원래 타고난 느긋한 천성 탓도 있겠지만 밥상머리 아버지의 교육 때문이기도 하다. 아버지는 늘 밥 한 수저를 입 안에 넣으면 꼭꼭 씹으며 서른 번 이상은 씹고 삼키라고 하셨고, 가능한 달그락 쩝쩝거리는 소리가 나지 않게 먹으라고 가르치셨다. 급하게 먹어 탈이 나지 않게 하려는 뜻이 있었겠지만, 천천히 음식 맛을 제대로 즐기라는 뜻도 있지 않았을까 싶다. 밥을 천천히 오래 씹으면 은근한 단맛이 기분을 좋게 한다. 또 좋아하는 사람들과 느긋하게 즐기는 식사 시간은 나를 행복하게 한다. 이런 식사 습관은 나의 삶에도 그대로 녹아있다.

그러던 내가 언제부턴가 식사 시간이면 빨리 먹으려고 애를 쓰고 있다. 아무리 빨리 먹으려 애써도 평소 빨리 먹는 습관을 지닌 사람들을 따라잡기 힘든데도 말이다. 나름 식도락을 가지고 있어 음식의 맛을 곰곰이 즐기고 싶은데 후다닥 먹어 치우는 사람들과 같이하는 짧은 식사 시간이 늘 아쉽다. 그들의 속도에 맞추려는 조급함 때문에 음식 맛이고 기분이고 모두 놓치게 된다.

그림책『슈퍼 거북』의 꾸물이에게서 나의 모습을 볼 수 있었다. 꾸물이의 느린 모습에 동질감을 느끼며 그의 행동에 깊이 공감 되었다. 이 그림책은 이솝우화와 라퐁텐 우화에 수록된 '토끼와 거북' 이야기를 패러디했다. 원작의 경주가 끝나는 부분에서 시작해 '그 뒤 거북은 어떻게 살았을까?'라는 궁금증을 풀어 간다. 토끼와 거북의 달리기 경주 뒷이야기라는 단순한 상상에서 출발했지만 담고 있는 주제는 그리 단순하지 않다. '벼락스타가 된 거북이는 과연 행복했을까?', '진정한 의미의 행복이란 무엇일까?'라는 묵직한 질문을 던지고 있다. 토끼와의 달리기 시합 이후 온 도시는 그야말로 슈퍼 거북 열풍에 휩싸인다. 경주에 이긴 거북이 꾸물이는 하루아침에 스타가 되었고, 수많은 동물이 꾸물이를 보기 위해 몰려든다.

"저기 봐, 슈퍼 거북이야!"
"정말? 에이, 아닌 것 같은데. 너무 느리잖아."
"그러게, 슈퍼 거북이 저렇게 느릴 리 없지."

자신을 보고 수군대는 동물들의 기대에 부응하기 위해 꾸물이는 진짜 '슈퍼 거북'이 되겠다고 결심한다. 빨라지는 방법이 담긴 책들을 보고 연구하고, 밤낮없는 훈련으로 진짜 빠른 슈퍼 거북이 된다. 그런데 슈퍼 거북이 될수록 꾸물이는 점점 괴롭고 피곤해진다.

우리는 슈퍼 거북 이야기를 통해 주변의 기대와 시선, 경쟁 등으로 잃어버린 나다움을 찾고 쉼 없는 분주함 속에서 깨닫지 못했던 소중한 것들과 다시 만나라는 독려를 듣는다. 가장 귀한 자신과의 만남을 놓치지 않을 때 진정한 의미의 행복을 알 수 있다고 한다.

나는 엄마, 아내, 며느리, 직업인, 맏딸… 언제나 나의 모든 역할에 충실하고 싶었고, 잘하고 싶었다. 나 스스로 얻는 성취감과 만족감도 있었지만, 모든 것을 잘할 수 있다는 비합리적인 신념으로 타인의 기대를 의식하는 삶을 살았던 것 같다. 그러다 보니 진정 내가 무엇을 좋아하는지 모두 잊어버리고, 어디로 가는지도 모르는 지경이 되기도 했다. 이제 최고보다는 최선을 다하는 삶, 나의 타고난 모습 그대로의 삶을 받아들이는 내가 되어야겠다.

"느긋하게 자고 느긋하게 먹고 싶었어. 볕도 쬐고 책도 보고 꽃도 가꾸고 싶었지. 무엇보다도 예전처럼 천천히 걷고 싶었어."

꾸물이처럼 나도, 내가 좋아하는 모습을 찾고 싶다. 한적한 동네 길을 사색하며 할 일 없이 사부작사부작 돌아다니고, 하염없이 꽃 구경 세상 구경도 실컷 하고, 시간 가는 줄 모르게 붓글씨도 써보고, 그림도 그리고, 요리하고, 좋아하는 사람들과 맛난 음식으로 느긋하게 수다 떨며 시간을 보내도 불안해하지 않는 예전의 나로 돌아가고 싶다.

"빠르지 않아도 괜찮아."
"힘내지 않아도 돼."
"지금 딱 좋아! 애썼어."
지금 내가 나에게 가장 해주고 싶은 말이다. 그래, 나는 거북이다.

● 정수정

『슈퍼 거북』이 어른의 삶에 던지는 질문

내가 만약 동물이라면
어떤 동물일까요? 나의 기질을 찾아보세요.

어른의 삶으로 동화 읽기

『해리엇』 한윤섭 글, 서영아 그림, 문학동네

　인간에 의해 동물원에서만 살아야 했던 동물들의 이야기입니다. 새끼 원숭이 찰리는 어느 날 갑자기 엄마와 숲을 모두 잃고 맙니다. 무자비한 인간들의 횡포로 낯선 인간의 세상으로 온 찰리, 두려움과 외로움에 떠는 찰리에게 거북 해리엇이 다가가 감싸줍니다.
　헤리엇은 동물원에서 가장 오랜 시간을 보낸 거북, 그는 동물들을 위로하고 지혜와 사랑을 가르칩니다. 찰리 역시 해리엇의 사랑으로 성장합니다. 해리엇은 실제로 175년의 삶을 산 다윈의 갈라파고스 거북이를 모델로 하고 있습니다. 바다를 마음속에만 품고 평생을 살았던 해리엇은 죽음을 앞두고 바다를 그리워합니다. 잃어버린 진짜 삶을 찾고 싶어 하는 해리엇의 소원을 이루어주기 위한 동물원 동물들의 위대한 여정이 펼쳐집니다.
　서로를 위할 줄 아는 아름다운 관계와 자신의 선택에 책임을 지는 삶에 대해 고민하게 합니다.

나에게 어울리는 '새 옷' 찾기

「새 옷」
조예슬 글그림
느림보

 운동에 재미를 붙인 지 몇 년이 되었다. 어떤 종목이든 '운동은 장비빨'이라는 말이 있는데 거기에는 복장도 한몫을 한다. 헬스장에서 빌려 입을 수 있는 헐렁한 반소매, 반바지보다는 몸에 착 붙는 운동복을 입었을 때 마음가짐부터가 달라진다. 확실히 몸매를 보기 좋게 잡아주고 운동도 더 잘되는 느낌에 운동복을 여러 벌 샀더니 어느새 서랍장 두 칸이 꽉 찼다. 운동하는 워킹맘이라는 부캐의 내 모습이 점점 선명해지고 있다.
 평소 비싼 옷을 입거나 화려하게 차려입는 것은 아니지만 옷차림에 따라 기분이 제법 영향을 받는 편이다. 출근복이든 운동복이든 옷을 잘 갖추어 입은 날은 그에 맞는 능력과 기분도 장착한 느낌이라면, 후줄근하게 입은 날은 기분도 후줄근해서 그날은 좀 아는 사람들과 마주치고 싶지 않다. 겉치레나 옷차림에 신경을 쓰지 않는 사람들도 있겠지만 내게 옷이라는 건 마음가짐에 영향을 미치는 어떤 것이다.

보통 '옷'은 가면과 함께 어떤 사람의 역할이나 위치를 나타내는 것에 자주 비유된다. 그런 상징을 담은 단편들이 옴니버스 구성으로 실린 그림책 『새 옷』을 읽었다. 어른을 위한 그림책으로 여성의 각성과 성장, 연대 등 깊은 주제를 담은 5편의 이야기가 담겨있다. 그중 첫 번째 이야기의 주인공인 수진의 모습에 나의 모습이 자꾸 겹쳐졌다. 이렇게 책의 내용이 내 이야기로 읽힐 때 큰 위로를 받는다. 너만 그런 게 아니었다고, 그러니 괜찮다고 다독이며 책이 내어주는 넓은 품을 느낀다.

수진은 자유로운 존재로 태어나 자신은 무엇이든 될 수 있다고 생각했다. 그래서 힘껏 날아오르지만 거대한 벽에 부딪히고, 들려오는 차가운 말에 주저앉고 만다.

"안돼. 넌 여자야!!" 세상은 그녀의 비상을 막는다.

어릴 때부터 '여자라서~', '여자들은~'으로 시작하는 말에 거부감이 컸다. 그래서인지 남자와 동등한 위치에서 당차게 자기 존재감을 드러내는 유능한 여자를 보면 너무 멋져 보이고 가슴이 뛰었다. 자신의 능력을 펼치며 근사한 독신의 삶을 사는 그녀들을 닮고 싶었다. 그런 생각 덕인지 공부하기도 바쁜 고등학생 때 해병대 2박 3일 캠프를 자진해서 다녀오는 고생도 사서 했다. 그러던 차에 육군사관학교에서 드디어 여생도를 받는다는 소식을 듣고 너무 기뻤다. 설레는 마음으로 지원했고 1차 서류 전형에 합격해 2차 체력장까지 치르러 다녀왔다. 그러나 3차인 수능을 망쳐서 최종 25명에 들지 못했다. 낙방의 쓸쓸함을 견디지 못한 나는 대입이고 뭐고 에라 모르겠다, 될 대로 되라는 심정으로 방황을 시작했다. 그런 나에게 주변에서는 위로한다고 여군들이 겪은 온갖 흉흉한 사건·사고들과 여자로서 겪을 힘든 일들을 나열하며 육사에 안 갈 잘했다고 했다. 선생님과 주변 어른들은 교대 입학을 권했다. 그에 편승하기 싫어서 다른 길로 자유롭게 날아갈 방법을 찾았지만, IMF라는 거대한 1차 장벽에 부딪힌 나는 주저앉고 말았다. 그리고 '여자 직업으로는 최고'라는 2차 장벽을 넘지 못해 결국 98학번 교대생으로 입학을 했다. 그리고 독신으로 사는 건 남들 보기에 문제가 있어 보일지도 모른다는 3차 장벽에 막혀 기혼자가 되었다.

그림책에서 '여자'라는 옷을 입게 된 수진의 모습은 점점 흐릿해지고 이름과 목소리도 잃어버린다. '이름을 잃어버렸어.'라는 문장 위에는 흐릿한 점선으로 된 옷을 입은 수진이 커다란 손에 끼워진 결혼반지에 연결된 줄에 위태롭게 매달려있다. 나 역시 바로 그런 줄에 매달려 힘겹게 흔들릴 때가 많았다. 육사에 가지 못했고, 독신도 되지 못했다. 결혼 후에 나는 며느리, 아내, 부인, 엄마라는 이름으로 더 많이 불리느라 나 자신은 희미한 존재가 되어갔다. 수많은 엄마가 이름을 잃어가는 과정이 어떤지 너무도 잘 이해하기에 수진의 이야기가 오래오래 마음에 남았다.

수진은 밤마다 고인 눈물을 받아 모아 그림을 그렸다. 나 역시 밤마다 식구들이 잠들기를 기다려 내 가슴에 고인 말들과 쌓이는 슬픔, 공허함을 쏟아냈다. 그렇게 하지 않으면 내가 사라질까 봐 두려워 책을 붙들었고 나를 일으켜줄 말들에 기댔다. 토해내듯 끼적이는 글들을 여기저기 부려놓기도 했다. 엄마라는 옷이 나에게 맞지 않는 것 같아 고민 되는 밤에는 훌훌 다 벗어버리고만 싶었다. 그냥 온전히 나로 가볍게 살고 싶은 마음과 내게 지워진 버거운 무게를 지고 사는 현실 사이를 오가며 줄타기하느라 자주 힘이 빠지기도 했다. 어울리지 않아도 입어야만 하는 옷이 있고, 잘 어울려도 입을 수 없는 옷이 있다는 걸 깨닫느라 긴 시간을 방황했다.

그러나 이제는 받아들이기로 했다. 내 몸과 마음이 편안한 옷을 잘 찾아 입는 수밖에 없다는 것을. 겹겹이 입은 내 역할의 옷 때문에 날아오르지는 못하더라도 가볍게 뛰어볼 수는 있을 것 같다. 그 정도만 되어도 내 색깔을 좀 더 찾을 수 있지 않을까 하는 생각에 '운동하는 워킹맘'이라는 부캐 외에 '읽고 쓰는 사람'이라는 부캐에도 공을 들이고 있다. 앞으로도 나에게 맞는 다양한 옷을 찾아 입는 일을 포기하지 않으리라. 또 어떤 '새 옷'들이 나에게 어울릴지 궁금해진다. 앞으로가 더 기대되는 삶, 그런 가슴 설레는 삶을 찾아가는 하루하루를 살고 싶다.

● 김진향

『새 옷』이 어른의 삶에 던지는 질문

**세상의 편견을 벗고 다시 입고 싶은
나의 '새 옷'은 무엇인가요?**

어른의 삶으로
동화 읽기

『수상한 아이가 전학 왔다!』 제니 롭슨 글, 정진희 그림, 김묘원 옮김, 뜨인돌 어린이

얼굴에 쓴 방한모를 절대로 벗지 않는 아이 토미. 친구들은 토미가 방한모를 쓴 이유에 대해 온갖 추측을 하고 벗겨보려고 애쓰지만 실패합니다. 평범하지 않은 이 아이는 차별을 받거나 편견과 따돌림의 대상이 되기도 하지요.

운동도 잘하고 씩씩한 토미, 그런데 그가 방한모를 쓴 이유는 무엇일까요? 사실 토미는 여자아이입니다. 자신이 여자라는 이유로 차별받지 않기 위해 방한모로 얼굴을 가리는 방법을 택한 것입니다.

이야기는 단지 성차별에 관한 이야기일 뿐 아니라 다름을 이해하고 타인을 받아들이는 태도에 관해서도 생각하게 합니다. 더불어 어른이 만든 불평등한 세상에서 아이들이 받는 피해를 보며 어른을 반성하게 합니다.

나의 키오스크

『키오스크』
아네테 멜레세 글·그림, 김서정 옮김
미래아이

아이를 학교에 데려다주고 집으로 돌아오는 차 안. 라디오에서 내가 따라부를 수 있는 90년대 노래가 나왔다. '날도 좋고 기분도 좋고 노래도 좋고 오, 예!'하며 신나게 큰소리로 노래를 따라 불렀다. 마침 집 근처에 신호가 꽤 긴 사거리에서 보행자 신호가 막 시작되었다. 내 차선이 직진 신호를 받으려면 한참 걸릴 테니 마음 놓고 더 흥을 올리며 열창했다.

"이 세상 위엔 내가 있고 나를 사랑해주는~~ 나의 사람들과 나의 길을 가고 싶어. 가고 싶어~~!…… 여기서 끝낼 수는 없잖아. 나에겐 가고 싶은 길이 있어~"

신나서 목청껏 노래를 부르다 갑자기 목소리가 뭉개지면서 눈물이 뚝뚝 흐르다 펑펑 흘렀다. 이유도 없이 계속 펑펑 쏟아지는 눈물로 흐려지는 눈을 부릅뜨며 겨우 집에 도착했다. 주차장에 주차를 했고 노래도 끝이 났다.

시동을 끄고 차에서 내려 차 문을 닫는다. 문이 쾅 닫히면서 '노래하다 왜 갑자기 눈물이 난 거지' 싶었던 내 의문도 같이 닫힌다. '아이를 학교에 데려다주고 왔으니 이제부터 나의 일과 시작이다!' 하는 개운한 마음만 산뜻하게 남아 집으로 올라간다.

그날 차에서 있었던 일은 이렇게 까맣게 잊고 지냈다. 그러다 어느 날 우연히 들린 다른 노래에 갑자기 코끝이 찡해지며 또다시 신호가 왔다. 제목도 모르고 부르는 이가 누군지도 모르는데 전주만 시작돼도 갑자기 눈이 뜨거워진다. "널 세상이 볼 수 있게 날아~"까지 나오면 나는 이유도 모른 채 꺽꺽 울고 있다. 그러다 지난번에 차 안에서 노래를 따라 부르다 운 일이 생각났다. 분명 예전에도 들어본 적이 있는 곡들인데 그때는 신나게 들리던 이 노래들이 왜 몇 해 전부터 갑자기, 내 심장에 뾰족하게 박히는 걸까?

그림책 『키오스크』를 보았다.
표지부터 끌리는 책이었다. 키오스크의 작은 창 안은 행복이 가득 차 보이는 올가의 모습이 꽉 차 있다. 근심도 걱정도 없는 만족스러운 표정으로 안락한 소파에 기대어 앉아 달콤한 쿠키를 먹으며 여행잡지를 보고 있다. 올가는 키오스크 안에서 산다. 올가의 키오스크 안에는 그녀에게 필요한 모든 것이 다 있다.
좁은 키오스크 안에서도 그녀는 바지런하다. 빨간 립스틱을 곱게 바르고 머리를 단정히 하고 그녀에게 잘 어울리는 예쁜 원피스를 입고 있다. 이른 아침 신문을 받고, 단골손님들이 필요로 하는 물건을 기억하며, 모든 이에게 친절하다. 즐겁게 하루 일에 열중하다가 문득 창밖으로 늘 꿈꾸던 여행지의 투어 차가 지나가면 그녀는 잠시 시무룩해진다.

그런데 어느 날, 과자를 훔치는 도둑을 잡으려다 키오스크가 뒤집힌다. 올가의 세상이 뒤집힌 것이다. 다시 일어났지만 한 번 뒤집힌 그녀의 세상은 그전과 같지 않다. 올가가 키오스크와 함께 움직일 수 있다는 것을 깨달았기 때문이다. 그녀는 세상으로 한발 내디디며 잠깐 산책을 하기로 한다. 그러다 강아지 끈에 걸려 그만 물에 빠지고 만다. 이왕 물에 빠진 김에 올가는 몸에 힘을 풀고 물의 흐름에 자신을 맡겨본다. 물을 따라 흘러 흘러가던 올가는 그녀가 꿈꾸던 먼바다에 다다른다. 여행잡지를 보며 꿈꾸던 그곳에 도착했지만, 그녀는 여전히 키오스크 안에 있다. 하지만 눈앞의 풍경이 바뀌었다. 올가가 판매하는 물건도 바뀌었다. 올가는 이제 키오스크 안에서 바다를 바라보며 아이스크림을 판매한다. 올가도 바뀌었다. 여전히 키오스크 안에 있는 그녀지만 시야를 가리는 사람이 있으면 키오스크와 함께 살짝 한 걸음 옆으로 움직인다. 올가는 안전한 키오스크 안에서 그녀의 속도로 조금씩 움직이며 변하고 있다. 그리고 일을 마치고 해가 질 무렵 그녀가 숨차던 황홀한 석양을 바라보며 다음 여행을 꿈꾼다. 이번엔 산이다.

키오스크 안의 올가를 보며 지금 내가 딱 저 모습이 아닐까 하는 생각이 들어 당혹스러웠다. 우는 아이에게는 막대 사탕을 주고 연애에 늘 실패하는 숙녀에겐 도움이 될만한 여성 잡지를 건네는 올가처럼, 나도 지금 내 삶 어딘가에 갇혀 당장 필요한 것들에만 집중하며 좁은 하루하루를 보내고 있는 것은 아닌지, 내 안에서 진정 원하는 건 꿈으로만 남기고 좋아하는 것도 하고 싶은 것도 배우고 싶은 것도 참 많던 내가 이런저런 책을 읽으면서 책 속에서 내가 원하던 모습을 찾으며 그 안에서 잠시 대리만족하고 있는 것은 아닌지, 도전도 모험도 없이 안전하게 보내는 하루들에 나는 정말 만족하고 있는지 묻게 되었다. 올가의 변함없는 매일처럼 늘 비슷한 하루를 보내고 있는 나. 그래서 나는 변화를 응원하는, 도전을 응원하는 노래만 들으면 나도 모르게 펑펑 울었던 것은 아닐까. 내 꿈들을 미처 펼쳐보기도 전에 주저앉아버려서 혹은 용기가 없어 내 키오스크 안에 숨어버려서 말이다. 그래서 생각했다. 나는 날아올라야 하는구나. 내 안에 구겨져 있는 무언가를 활짝 펼쳐 세상으로 내보내야 하는구나. 그렇게 생각했다.

그런데 나는 정말 지금과는 완전히 다른 모습의 나를 꿈꾸고 있는 걸까? 『키오스크』를 시간을 두고 여러 번 다시 보고 나니 내가 정말 원하는 것은 훨훨 나는 것이 아닐 수도 있겠다는 생각이 들었다. 그리고 내가 아이를 키우는 동안 내 꿈을 위해 아무것도 하지 않고 집에서의 역할에만 멈춰 있었던 게 아니라는 것을 깨달았다. 아이를 키우면서 나도 계속 성장하고 있었다. 나의 키오스크 안에서 주어진 상황의 흐름에 맡기며, 느리지만 조금씩 꿈을 향해 가고 있었다.

작년 한 해를 시작하면서 가족들과 일 년 동안 각자 이루고 싶은 것과 원하는 모습들을 이미지로 출력해서 자주 보는 곳에 붙여두었다. 아무것도 안 한 것 같았는데 연말이 되어 한 해를 돌아보니 내가 원했던 것이 거의 다 이루어져 있었다. 세상에 내어 놓을 만큼의 큰 성과나 성장이 없었기 때문에 멈춰있었다고 스스로 오해하고 있었지만 나는 계속 움직이고 있었던 거다.

꿈꾸던 바다에 있는 올가는 이제 산을 본다. 나는 또 올해 이루고 싶은 것들을 계획해본다. 작은 도전들을 하고 공부하고 성장하며, 나도 아마 올해 말이면 올가처럼 산에 가 있지 않을까. 바다에 가고 싶다고 당장 뛰어가지 못하면 어떤가. 꿈꿀 수 있는 만큼 꿈꾸고 천천히 돌아 돌아 바다에 가면 된다. 돌아 돌아 가는 길에 들도 보고 하늘도 보고 물결도 느끼며 더 많은 것을 볼지도 모른다. 그리고 언젠가 키오스크에서 나오고 싶은 어느 날, 정말 가볍게 세상을 향해 날아오를 것이다.

● 김혜련

『키오스크』가 어른의 삶에 던지는 질문

현실이라는 키오스크에서 달아나지 않아도 돼요.
나의 키오스크가 나에게 주는 평안은 무엇일까요?

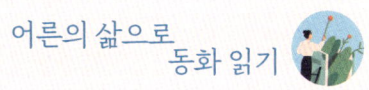
어른의 삶으로 동화 읽기

『빅 보이』 고정욱, 책담

    고정욱 작가가 실제로 인문학 수업을 통해 만났던 아이들의 모습이 고스란히 담겨있습니다. 작가는 자신의 작품 여러 편에 고청강 작가라는 캐릭터로 등장합니다. 고청강 작가는 등장인물들의 삶에 멘토로서의 역할을 하며 꿈을 키워가도록 돕습니다.

    삼성전자에 취직해서 돈을 많이 벌겠다는 꿈을 가진 현준이, 뚜렷한 꿈이 있지만 아픔이 큰 소연이, 인문학 공부를 통해 두 아이가 진정 원하는 꿈을 찾도록 이끄는 고청강 작가의 이야기를 통해 꿈을 향한 아이들의 성장을 볼 수 있습니다. 남들이 정해놓은 길이 아닌, 자기다운 삶을 찾아 진로를 정하는 현준이의 모습은 꿈을 잊고 살게 된 어른들의 가슴을 다시 뛰게 하기에 충분합니다. '가슴 뛰는 일을 찾아봐!'라는 책의 소제목 역시 누구에게나 주는 메시지로 충분합니다.

    '나다운 삶'을 향해 나아가는, 우리는 모두 '빅보이'!

누구씨처럼 사랑하기

『있잖아, 누구씨』
정미진 글, 김소라 그림
엣눈북스

몸과 마음이 지치고 힘들어서 병이 났다. 그래서 병가와 연가, 병휴직이라는 것을 교직 생활 처음으로 모두 지내보게 되었다. 무엇인가를 열심히, 성실하게 하는 것에 익숙하고, 성과물을 내는 것에 욕심을 내며 달려온 나의 몇 년은 마치 경주마 같았다고 주변 지인들이 이야기하곤 했었다. 그 말이 듣기에 나쁘지만은 않았다. 질주하는 나의 모습이 멋있게 느껴지기도 했었으니까. 정작 그 질주에 내 몸과 마음은 많이 지치고 힘들어서 울부짖고 있었는데 말이다. 왜 그랬을까? 어디서부터였을까? 나름대로 교사에 대한 소명으로 움직였다고 생각했는데, 어디서부터 단추를 잘못 채웠던 것일까?

외국에서 혼자 아이 둘을 데리고 4년을 일했던 시간 앞에서 멈추게 되었다. 그 4년은 남들이 보기엔 화려한 야경이었겠지만, 나에겐 울고 있는 뼈에로 같은 시간이었다. 철저하게 보이는 것으로 판단되고 평가되는 곳에서 남들보다 더 뛰어나 보여야 인정받을 수 있다는 것이 날 스스로 긴장하게 만들었다. 나라는 존재보다는 내가 가지고 있는 조건으로 누군가와 비교당했을 때, 밀리지 않아야 한다는 위협이 몰려오곤 했었다. 무엇이든 공유하고 사람 만나기 좋아하며 쾌활했던 내 성격은 점점 더 조용하고 조심스럽게 남들의 시선을 의식하는 소심한 성격이 되어갔다. 어떻게든 다른 사람들의 입방아에 오르내리지 않아야 한다고 생각하며 아이들과 내 모습에 단속에 단속을 거듭했다.

그러다 보니 내가 힘든 것에 대해서는 '괜찮아, 괜찮아'하면서 내 마음을 스스로 알아주지 않고 감정을 축소 시키는 '감정 억압 방식'에 익숙해 있었다. 힘들고 어려운 감정은 내게 도움이 되지 않는다고 생각했기 때문이다. 빌런 같은 이들에게 애매모호하게 호구가 되어 업무적으로 폭탄을 맞을 때도 싫은 소리 하나 하지 못하며 꾹꾹 참았다. 그런 내 모습에 화가 나면서도 살아남기 위함이니 그저 괜찮다고 하며 속상하고 힘든 나를 설득하고 위로했었다. '이것도 나중에 나에게 큰 자산이 될 거야'라며 힘든 마음을 돌아봐주지 못하고 벽장 속에 가둬놓곤 했다.

『있잖아, 누구씨』를 보면서 눈물이 났다. 내가 나를 사랑해주지 않고 다른 이들에게 맞춰주며 눈치 보며 살아가는 모습이 예전의 내 모습을 보는 것 같았다. 불편한 마음을 드러내는 것조차 허용되지 않는 환경에서 모든 아픔을 이겨내느라 힘들었을 주인공을 보며 비 오는 날 흠뻑 젖어 떨고 있는 듯한 과거의 내 모습이 소환되었다.

주인공 아이는 말한다. "괜찮아. 혼자여도 말이지. 내가 남들과 다르다고 생각하지 않아. 그저 조금 약할 뿐." '괜찮아'로 마음을 속이는 아이를 위로하는 것은 오직 '누구씨' 뿐이다. 누구씨는 아이의 모습과 닮은 벽에 물든 '얼룩'이었지만, 마법처럼 살아나 아이의 친구가 되어 준다.

나에게 '누구씨'는 무엇이었을까? 나는 말보다 글이 편했던 내향적인 아이로 학창시절을 보내며 하루에 일기를 대여섯장 이상씩 썼었다. 아직도 창고에 한 박스 정도 보관되어 있는 일기장들은 답답하고 어려운 내 마음들을 누군가의 눈치를 보지 않고 마음껏 써놓을 수 있었던 나의 해방일지였다. 자신감이 없어 힘들었던 나, 친구들과 갈등을 겪으면서 우울했던 나, 부모님께서 딸이라고 부당하게 대할 때 화가 났던 나의 울퉁불퉁한 모습들을 담으며 나를 토닥이기도 하고 꾸짖기도 하며 마음을 다잡았던 것 같다.

책을 좋아하게 되면서부터는 책 속의 구절구절이 내 마음을 읽어줄 때, 그 글에 기대어 위로받기도 하고, 의지하기도 했던 내 모습을 본다. 책 동굴 안에서 마음껏 나만의 쉼을 갖고 신나게 뛰어놀 수 있었다. 그림을 그리면서부터는 인생을 선과 색으로 채워가며 생각하는 연습을 하게 된다. 나를 건강하게 표현하게 해주며, 치유하고 위로해주며, 한층 더 인생의 깊이를 성찰하게 해주었다. 나의 해방일지와 책, 그리고 그림은 나만의 '누구씨'였다. 나에게도 누구씨가 있어 얼마나 감사한지 모르겠다.

『있잖아, 누구씨』 덕분에 과거에서 소환된 나를 안아주고, 같이 슬퍼해 주고, 위로해주는 시간을 가질 수 있었다. 무엇인가를 할 수 있기에 사랑받을 수 있고 인정받을 수 있는 것이 아니라 그저 존재만으로 충분하다고 말하는 누구씨. 나도 누구씨처럼 사랑해야겠다. 매일 매일 나를, 매일 매일 내 가족을, 매일 매일 내가 만나는 이들을.

● 김태은

『있잖아, 누구씨』가 어른의 삶에 던지는 질문

나의 삶을 위로하는
나의 '누구씨'는 무엇(누구)인가요?

어른의 삶으로
동화 읽기

『그림자 아이』 이나영 글, 전명진 그림, 별숲

이 책에 담긴 여섯 편의 동화들은 부모의 이혼, 학교 폭력, 가족과의 이별, 왕따, 성적 경쟁 등 현실에서 벌어지는 상당히 불편한 일들을 다루고 있습니다. 흔히 이런 일들은 남의 일이라 여기지만, 나 또는 주변 사람들의 삶 속에서 어느 날 갑자기, 예기치 않게, 드물지 않게 일어나곤 합니다.

책의 이야기는 어둡고 불편하게 전개되는 현실 상황에 마법과도 같은 판타지를 끌어들여 새로운 희망을 부여합니다. 그 희망은 때로는 눈물겹고, 때로는 가슴 뜨거워지고, 때로는 통쾌하게 불편한 현실을 극복해 내는 힘을 줍니다.

현실의 삶을 힘들어하는 어린이에게 혹은 어른에게, 현실을 견디어 낼 수 있는 뜨거운 위로의 손길이 되고, 주어진 상황이 무엇이든 극복해 낼 힘을 주는 동화입니다.

사랑에
관하여

두 사람은 방긋 웃었고,
서로 도우며 땅바닥에서 일어났어.
처음 만난 두 사람은
이렇게 자기 장애 하나씩을
솔직하게 털어놓았어.

『플로랑스와 레옹』
(시몽 불르리스, 델피 코테라크루아, 불의여우) 중에서

나의 첫사랑 이야기

『진짜 진짜 거짓말 아니야!』
조영글 글·그림
봄볕

딸랑딸랑~ 유리문에 달린 종소리처럼 유쾌한 아주머니의 목소리가 나를 맞이한다.
"어서 와요. 혜경 학생. 오늘은 무슨 꽃을 줄까?"

수원 남문 뉴코아 버스정류장 앞 작은 꽃집. 버스에서 내리자마자 보이는 그곳은 주말마다 들르는 나의 단골 가게였다. 주인 아주머니는 환한 웃음으로 반겨주셨고 의미 있는 날이라고 특별히 신경 써서 장미를 골라 주셨다. 꽃다발을 가슴에 품고 돌아온 나는 매일 정성들여 쓴 편지 100통을 미리 준비한 바구니에 넣었다. 인형과 초콜릿 장식으로 위를 덮고 비닐 포장지로 전체를 감싼 후 리본으로 묶었다.

'크리스마스 선물 준비 끝! 이만하면 감동하겠지? 아… 설레어!'

『진짜 진짜 거짓말 아니야!』를 읽으며 동심의 세계로 돌아간 듯했다. 누군가를 좋아하는 마음은 그 자체로 빛나고 예쁘다. 주인공 소녀 나나가 남자 아이에게 푹 빠져서 좋아하는 마음을 솔직하게 표현하는 모습이 어찌나 해맑고 귀엽던지! 이런 매력적인 캐릭터는 항상 대리만족을 준다. 성인이 되어 '사랑' 비슷한 감정은 많이 품어봤지만, 주인공처럼 덥석 손을 잡으며 '나 너 좋아해'란 말로 직진해본 적은 없었다. 그래서 그 순수함이, 그 꾸밈없는 마음이, 계산하지 않고 고백하는 용기가 부러웠다.

물론 나에게도 좋아하는 마음을 거침없이 고백하던 때가 있었다. 근 1년간의 짝사랑이었다. 어디서 그런 열정이 생겼는지 주말이면 꽃집에서 각양각색의 꽃을 사고, 월요일이 되면 휴일 내내 준비했던 꽃과 편지를 그분의 책상에 가지고 가서 우렁각시처럼 장식하곤 했었다. 이렇게 공을 들인 내 짝사랑의 상대는 바로 30대 중반의 음악 선생님이셨다. 게다가 아이가 둘이나 딸린. 하하하.

크리스마스 선물로 드릴 100통의 편지를 쓰며 그날 뭘 했는지, 뭘 먹었는지, 어떤 웃긴 일이 있었는지, 속상한 일은 뭐였는지 혼자만의 수다를 떨었다. 야간 자율학습이 시작되기 전, 선생님의 푸른색 액센트 차가 건물 앞에 주차된 것을 보면 호들갑을 떨며 꺅꺅 소리를 질러댔다. 자율학습 감독 중에 내 머리를 '톡' 건드리기라도 하시면 마음이 붕붕 날아올랐다. 수도 없이 교무실을 드나들며 말을 걸었고 그분이 지휘하시는 성가대, 선교합창단까지 가입하여 열혈 단원으로 활동했다.

다른 선생님들뿐만 아니라 1학년 학생들 사이에서도 유명했던 나의 마음은 상대를 향해 열여섯 살 소녀가 보일 수 있는 최고의 순수한 사랑이었다. 그 시절엔 좋아하는 상대가 있다는 것만으로도 마음이 행복했다. 아무리 표현해도 창피하지 않았고 주기만 해도 하나도 아깝지 않았던 그때의 마음이 아직도 생생한 걸 보면 역시 행복했던 감정은 가슴에 새겨지나 보다.

'에라 모르겠다.' 씩 웃으며 남자아이의 손에 꽃핀을 건네는 나나의 표정이 참 사랑스럽다. 학창시절의 나는 다른 사람들 눈에 어떻게 보였을까? 아마 내가 그림책을 보며 미소를 짓듯 흐뭇하게 웃어주었을 것이다. 그림책 덕분에 순진했던 그때의 추억을 떠올리는 것만으로도 좋았다. 이제는 그런 마음으로 누군가를 좋아할 수도 없고 그림책의 주인공 나나처럼 귀여운 짓은 더 이상 할 수 없다는 사실에 조금 서글프기도 하지만 말이다. 하여간 천연덕스럽게 직진하는 나나가 최근 들어 탁해지는 나의 마음에 톡톡 쏘는 청량감을 안겨 주었다. 이 그림책이 마음에 드는 걸 보면 아무래도 내가 해맑아지고 싶은 것 같다.

● 김혜경

『진짜 진짜 거짓말 아니야!』가 어른의 삶에 던지는 질문

여러분의 첫사랑을 떠올려보세요.
미소가 지어지는 행복한 추억이 있나요?

어른의 삶으로
동화 읽기

『사랑이 훅!』 진형민 글, 최민호 그림, 창비

    단짝 친구 박담, 신지은, 엄선정은 5학년이 되고 나서 조금씩 이성에 대한 감정이 생겨납니다. 담이는 오랫동안 알고 지내던 호태가 점점 이성으로 느껴지는데 하필 단짝 친구인 지은이도 호태를 좋아하고 있었다니, 이 무슨 운명의 장난 같은 삼각관계일까요! 모범생 선정이는 운동을 잘하는 이종수와 사귀지만 둘의 애정전선도 순탄하지만은 않습니다.
    다섯 명의 아이들이 사랑을 배워가는 과정을 흐뭇하게 지켜보며 읽다 보면 오래전 마음에 훅 들어왔던 첫사랑의 그 아이가 잘 지내고 있을까 궁금해집니다. 책을 읽는 동안 때 묻은 어른들의 사랑에서 벗어나 첫사랑의 순수함과 아름다움을 되찾아볼 수 있습니다.

그날 우리는

『엄마 아빠 결혼 이야기』
윤지회 글·그림
사계절

거의 매년 개학일은 3월 2일이다. 학기가 시작되면 정신없이 밀려오는 일들과 적응하기 바쁜 나날이 계속된다. 그래서 개학 전날은 최대한 하고 싶은 일을 하고 먹고 싶은 걸 먹으면서 몸과 마음을 충만한 상태로 꽉 꽉 채워둔다. 남편과 처음 만난 날이기도 해서 가족과 함께 맛있는 브런치를 먹고 여유롭게 커피를 마시며 시간을 보내다가 책 모임에서 나누기로 한 『엄마 아빠의 결혼 이야기』 그림책을 꺼내 느긋한 마음으로 읽었다. 예전에 봤을 때는 그저 그림이 너무 예뻤던 책으로만 기억하는데 다시 찬찬히 읽으니 결혼 준비와 결혼식 전후에 일어나는 일들에 관한 꽤 많은 정보가 담겨있어 놀랐다. 역시 그림책은 여러 번 읽어봐야 참맛을 느끼게 된다.

우리는 동갑내기 부부로 2005년에 결혼했다. 스물일곱의 나이로 신랑은 친구 중에 가장 먼저 결혼을 하느라 화제에 올랐다. 그 대가로 호프집을 통째로 빌리고 친구들 숙박비까지 내는 거액의 지출을 하며 피로연을 치러야 했다. 심지어 구닥다리 관습의 피해자가 되어 거꾸로 매달린 채 몽둥이로 발바닥을 맞는 고통도 겪었다. 이제는 드라마에서나 볼 수 있는 무슨 호랭이 담배 피우던 시절에나 있었을 것 같은 일들이다. 그때가 떠올라 남편에게 이것저것을 물어보았더니 옆에서 듣고 있던 딸이 엄마 아빠는 어떻게 만났느냐고 물어왔다. 간략하게 이야기하고 말았지만, 식구들이 다 잠든 밤 그날의 우리가 새삼스레 떠올라 혼자 맥주 한 캔을 들이키며 추억에 잠겼다.

나는 청주에서 대학을 다녔는데 고등학교 동창 친구가 멀지 않은 지역에 있어서 한번 놀러 오라는 이야기를 여러 번 했다. 하지만 이수할 학점과 과제, 실습 등이 많은 교대생이라 쉽게 시간을 내지 못한 채 어느덧 4학년을 앞둔 시점이 되었다. 앞으로 임용고시 준비로 바빠지면 친구를 보러 더 갈 수 없겠구나 싶어 개강 전날이던 2001년 3월 2일에 친구를 만나러 갔다.

당시에 친구는 학교 선배와 목하 연애 중이었다. 그녀의 남자 친구도 함께 밥을 먹고 이야기를 나누는데, 갑자기 나에게 놀러 온 김에 소개팅을 해 보라는 것이었다. 학군단 후배를 소개해 주겠다고 했다. 싫다고 하고 싶었지만 그 자리에서 거절하면 친구가 곤란해질까 봐 마지못해 알겠다고 했다. 그러나 속으로는 '대충 시간만 때우다 와야지' 하는 마음이었다.

속전속결로 그날 저녁 바로 소개팅을 했다. 연애할 생각이 전혀 없었던 상태에서 갑자기 하게 된 소개팅이라 마음은 부담스럽기만 했고 동갑인 그는 너무 미숙해 보였다. 결정적으로 내 이상형과도 거리가 멀었다. 그래서 밥만 먹고 일어나려는데 자꾸 붙잡길래 차도 마시게 되었다. 애프터만큼은 진짜 거절하려고 마음먹고 있었는데, 가기 전에 꼭 연락하라고 신신당부를 하는 게 아닌가. (그래, 내가 애프터를 받는 편이긴 하지) 알겠다고 건성으로 대답하고 연락 없이 그냥 갈 생각이었다. '미안하지만 내 스타일이 아닙니다아~'

다음날이 되었다. 터미널로 가는 버스를 기다리며 학교 앞 버스정류장에 서 있었다. 그런데 반대편으로 가는 버스 안에서 창가에 앉은 누군가가 나를 보고 손을 흔드는 것 같더니 다급하게 내려 이쪽으로 뛰어오는 게 아닌가. 알고 보니 소개팅한 그였다. 어찌 된 일인고 하니, 그날 버스에 탄 그는 뒷자리에 선배가 앉아있어서 마주 보고 이야기를 하려고 뒤돌아 앉았는데, 마침 버스 창밖이 잘 보이는 위치였고 그러다 반대편 정류장에 서 있던 나를 보게 되었다는 것이다! 직감적으로 내가 연락도 없이 그냥 가려는 중이라는 걸 알아차리고 나를 붙잡기 위해 급하게 내렸다고 했다.

그날 이후 그는 매주 나를 찾아왔다. 임용고시 준비로 몸과 마음이 피폐해진 나에게 온갖 순정과 진심 어린 자상함을 보여주었다. 그동안 나쁜 남자들의 모습에 질리고 불신이 가득했던 나는 그가 보여주는 한결같고 순수한 노력에 조금씩 마음을 열게 되었다. 특히 내가 아프고 힘들 때마다 더 애쓰고 걱정하며 도와주려는 모습을 보면서 이 사람이 나를 정말 아낀다는 걸 알 수 있었다. 결혼 상대의 객관적인 조건이 중요한가, 마음이 잘 맞는 것이 더 중요한가를 놓고 한참을 고민했다. 4년이라는 긴 시간 동안 연애를 하고 2005년 5월에 결혼했으니 내 고민의 답은 마음이 편한 사람과 함께 사는 것이 더 낫다는 것이었다.

그렇다. 오늘날 내가 이렇게 지지고 볶으며 살고있는 것은 남편이 그날 버스에서 하필! 뒤돌아 앉아있었기 때문이다. 생각할수록 기가 막힌 타이밍이다. 이런 상상은 다 부질없지만, 만약 내가 타려던 버스가 먼저 왔다면 남편은 나를 보지 못했을 것이고 자연스럽게 잊혔을지도 모른다. 이런 게 인연이라면 인연일까? 그날 거기서 그와 다시 만나지 않았더라면 내 삶은 어떻게 달라졌을지 궁금하다.

딸이 좀 더 자라서 함께 술잔을 기울이며 여자 대 여자로 깊은 얘기를 나눌 수 있게 되면 해주지 못했던 엄마 아빠 결혼 이야기를 마저 들려줘야겠다. 그리고 엄마도 잘나가던 리즈 시절이 있었으며 나 좋다고 따라다니던 남자들이 많았다고 자랑도 해야겠다. 인생에서 가보지 않은 길, 해보지 못한 것들은 늘 아쉬움을 남기는 법이다. 그러니 너는 아주아주 신중하게 연애를 하라고, 엄마로서의 솔직한 바람을 두 손 꼭 붙들고 전하리라.

● 김진향

『엄마 아빠 결혼 이야기』가 어른의 삶에 던지는 질문

이제와서 생각하는 현명한 결혼의 조건은 무엇일까요?

어른의 삶으로
동화 읽기

『열두 살, 사랑하는 나』 이나영 글, 주리 그림, 해와 나무

열두 살이라는 나이는 이성에 관심을 갖기에 충분한 나이입니다. 사랑이라는 말만 들어도 얼굴이 붉어지는 나이에 좋아하는 아이에 대한 설레는 마음과 밀고 당기는 흥미진진한 갈등이 생생하고 사랑스럽게 그려진 동화입니다.

친구 선호에게 반한 진아는 그에게 잘 보이기 위해 안 하던 화장도 하고, 홈쇼핑 출현도 하게 됩니다. 하지만 선호가 아역 배우인 전학생 해미를 좋아한다는 걸 알게 되고 설상가상, 아빠가 바람을 피운다고 생각하게 됩니다.

사랑과 우정, 가족, 이 모든 것을 지키기에 버거웠던 진아는 잘못된 선택을 하게 되는데…. 진아가 사랑을 느끼고 마음의 갈등과 어려움을 겪으며 조금씩 성장하는 모습은 어른인 우리의 사랑도 반성하게 합니다.

둘이 만나 하나가 된다고?

「플로랑스와 레옹」
시몽 불르리스 글
델피 코테-라크루아 그림, 박선주 옮김
불의여우

둘이 만나 하나가 되고 서로가 서로의 부족한 부분을 채워준다는 건 참 좋은 말이다. 그래, 말은 참 좋다. 그 옛날 매서운 겨울바람이 부는 어느 날, 구멍가게 앞에 나와 있던 위아래가 빨간 둥근 찜기 속 뽀얀 호빵처럼 마음이 따뜻해지는 말이다.

그런데 결혼 11년 차가 되어 다시 보니, 이게 얼마나 비합리적이고 허울 좋은 말로 들리는지 모른다. 둘이 하나가 된다는 건 일단 수적으로 손해다. 암, 손해이고말고. 서로의 부족한 부분을 채워준다는 말은 참 아름답고 따스하지만 살아보면 다르다. 그 따뜻한 호빵도 호호 불며 먹다 보면 순식간에 사라지듯 내 눈앞에 콩깍지도 언제 사라졌는지도 모르게 사라져버린다.

처음엔 사랑에 빠진 상대의 부족한 부분도 마냥 귀엽다. 내가 챙겨주고 싶고 그 빈틈마저 매력이고 인간적인 모습으로 보인다. 하지만 그 부족한 부분이 아무리 채워도 밑 빠진 독에 물 붓기라는 사실은 아이를 낳고 고된 육아가 시작되면 금방 드러난다.

평생을 나만 챙기며 살아오다 아기가 생기면 난생처음으로 다른 생명에게 온전히 나를 내줘야 하는 상황이 된다. 육아가 시작된다는 것은 내가 해야 할 일과 결정해야 할 사항이 몇 배로 늘어난다는 것을 뜻한다. 하루가 어떻게 흘러가는지 모르게 정신없이 지나간다. 그런 상황에서 내 옆에 있는 다 큰 성인의 부족한 부분도 귀여워하며 채워 줄 여력은 없다. 점점 그 부족한 부분은 크게 보이고 육아로 완벽하게 지친 어느 날은 심지어 그것만 보이기도 한다.

애초에 부족한 부분을 서로 채워주며 퍼즐처럼 빈틈없이 딱 맞게 한 팀으로 살아간다는 말 자체가 너무 이상적이다. '사랑하는 사이라면~', '사랑으로 이루어진 부부라면~'하는 드라마에나 나올 것 같은 공식 때문에 그렇지 못한 현실을 만나면 무언가가 잘못된 것 같고 이상과 현실 차이에서 힘들어지기도 한다.

많은 사람이 같은 환상을 갖고 만들어낸, 그래서 그것이 정답일 것 같은, '그리고 그들은 행복하게 살았습니다'라는 동화 같은 이상적인 부부 판타지는 동화 속에 남겨 두자. 우리는 현실에 맞는 우리만의 '부부'를 만들어 가면 된다. 대부분의 동화가 행복한 결혼식에서 이야기를 끝내는 것은 분명 이유가 있을 것이다. 그리고 우리는 아마도 그 이유를 알고 있을 것이다. 혹시 아는가, 아무에게나 문을 열어주는 백설 공주 때문에 속이 타들어 가고 있는 왕자가 어딘가에서 깊은 한숨을 쉬고 있을지….

그렇다고 지금 갓 사랑에 빠져버린 플로랑스와 레옹에게 이런 말을 하고 싶은 건 아니다. 그때는 그때만 누릴 수 있는 핑크빛 행복이라는 게 있는 거니까. '빨대' 하나에도 '우리는 천생연분인가 봐'하며 의미를 부여할 수 있는 시기니까. 어디 빨대뿐인가, 그들에게는 곧 세상의 모든 것이 우리가 천생연분인 것을 알려주는 힌트가 될 것이다. 그렇지만 플로랑스씨, 레옹씨, '평생 너의 눈이 되어 주고, 너의 귀가 되어 줄게.'라는 말은 조금만 더 생각해보는 건 어떨까요?

"너의 부족한 그 부분을 내가 평생 채워주며 살 수는 없어. 그렇지만 그것도 그냥 너라고 인정하고 받아들일게. 하지만 가끔은 못 그럴지도 몰라."
"너는 눈이 잘 보이지 않지만 그렇다고 내가 평생 너의 눈이 되어 줄 수는 없어. 하지만 같이 잘 걸어 가보자."
"너는 귀가 좋지 않지만 그렇다고 내가 평생 너의 귀가 되어 줄 수는 없어. 하지만 서로 도움주며 잘 살아가보자."
세상이 핑크빛일 두 사람에게 이렇게 말하는 건 좀 매정해 보이려나?

이상은 날도 더운데 미세먼지까지 심해서 불쾌 지수가 머리끝까지 올라온 결혼 11년 차 아주머니가 그림책을 보고 생각한 것이다. 이런 날씨만 아니었어도 플로랑스와 레옹의 풋풋한 사랑의 시작을 더 응원하며 나와 그의 풋풋했던 시작을 떠올리는 즐거움으로 마무리할 수도 있었을 텐데 말이지…. 모쪼록 이 두 젊은이가 그 후로 오랫동안 행복하게 살았기를….

● 김혜련

> 『플로랑스와 레옹』이 어른의 삶에 던지는 질문
> **꼭꼭 붙어있던 콩깍지가 다 벗겨져도 여전히
> 그를 사랑할 수 있는 나만의 비결은 무엇이 있을까요?**

어른의 삶으로 동화 읽기

『어쩌다 삼각관계』 은정 글, 이경석 그림, 마주별

열두 살 수진이가 서툰 첫사랑을 경험하며 자아를 찾아가는 과정을 코믹하게 그린 동화입니다. 킹콩 수진이와 핵인싸 휘성이, 찌질남 우찬이 등 만화에서 막 튀어나온 듯한 개성 있고 재미난 등장인물들이 책 속을 종횡무진 누비며 생동감 넘치는 이야기를 전합니다.

어느 날, 수진이는 열흘 동안 사랑을 이룰 수 있는 마법의 네일 아트를 선물 받고 휘성이에게 사랑의 하트를 날립니다. 그런데 하트가 그만 원수 같은 우찬이 눈으로 쏙 빨려 들어가 버립니다. 우여곡절 끝에 하나 남은 하트로 휘성이의 마음을 얻는 데 성공하지만 세 친구는 결국 삼각관계에 놓이고 맙니다.

아이들이 처음 느끼게 된 사랑의 순수함을 바라보며 사랑이 삶에 어떤 가치를 가르치는지 되돌아보게 됩니다.

사랑이 뭐예요?

『사랑 사랑 사랑』
맥 바넷 글, 카슨 엘리스 그림, 김지은 옮김
웅진주니어

내 별명은 진지충. 그저 웃자고 던지는 농담에도 도무지 가벼워지지 않는 태도에 농담을 던진 상대가 오히려 당황하기도 한다. 아이들이 놀이 삼아 하는 '극 대 극 밸런스 게임'도 선택을 하는 데 긴 시간이 필요하다. "엄마, 카레 맛 똥 먹을래? 똥 맛 카레 먹을래?" 대뜸 던지는 이 어이없는 질문에도 나는 한숨을 쉰다. 이런 질문의 묘미는 '즉답'이라는데 나는 그게 안 된다. '아, 뭘 먹을 수 있을까?' 생각하기도 싫은 질문에 쓸데없이 긴 고민을 시작하는 것이다. 누구든 나에게 어떤 질문을 하든 즉답을 듣기는 어려울 것 같다.

나는 늘 어떤 질문 앞에서도 대답이라는 것이 쉽지 않다. 하지만 인생을 살면서 그 어떤 질문보다 대답하기 어려운 질문은 '사랑'에 관한 질문일 것이다. 결혼한 지 삼십 년 가까이 된 이 나이에도 여전히 나에겐 사랑이 어렵다.

그림책 『사랑 사랑 사랑』은 이 어려운 질문을 무심히 던지며 이야기를 시작한다.

"사랑이 뭐예요?"

아이는 이 질문을 할머니에게 던진다. 할머니는 오래 살았으니까 알고 있을 거라고 생각했단다. 그러나 할머니는 '대답하기 참 어려운 문제'라며 세상에 나가 보면 그 답을 찾을 수 있을 거라고 말한다. 그리고 아이는 그 대답을 찾기 위해 정말 집을 떠난다. 아이가 사랑을 찾아 떠난 여행에서 가장 먼저 만난 사람은 '어부'. 사랑이 뭐냐는 아이의 질문에 어부는 이렇게 답한다.

"사랑은 물고기란다. 물고기는 네 손이 닿지 않는 먼 곳에서 희미하게 빛을 내며 팔딱팔딱 헤엄치지. 네가 그 물고기를 손에 넣고 나서 지금 무슨 일을 저지른 건지 깨닫는다면, 아마 너는 그 물고기에게 인사하고 바다로 돌려보낼 거야."

와우! 이 얼마나 멋진 사랑의 정의인가! 평생을 물고기 잡는 일로 보냈던 어부는 그의 삶 속에서 사랑이 무엇인지를 깨달았던 것이다. 사랑은 소유하려 드는 것, 기어이 사랑을 손에 넣고서야 사랑하는 이의 자유를 속박하는 것이 얼마나 끔찍한 일인지 깨닫는 것, 이게 진짜 사랑이란다.

하지만 아이는 어부의 말을 이해할 수가 없었다. 그저 미끌미끌하고 맛없는 물고기는 싫단다. 어부는 한숨을 쉬며 "네가 사랑을 어떻게 알겠니?"라고 말한다. 아이는 그 후로도 연극배우, 고양이, 목수, 농부 등 많은 사람을 만난다. 그리고 사랑이 뭐냐고 질문한다. 그들은 모두 저마다의 사랑에 관해 이야기하지만 아이는 여전히 이해할 수 없고 어른들은 한결같이 아이가 사랑을 모른다고 한다.

아이가 만났던 어른들의 사랑 이야기는 저마다 다르지만 저마다 모두 절묘하다. 사랑의 속성을 꿰뚫어 보여주는 재미가 있다. 어쩌면 사랑은 모든 사람에게 다가오는 보편적 감정이지만 모두에게 다른 모양으로 나타나는 것인지도 모르겠다. 그래서 아이가 이해하기에는 더 어려웠을 것이다. 만난 첫날 프러포즈를 한 직진남과 결혼한 내게, 사랑은 늘 수수께끼 같다. 아직도 내 사랑이 어떤 모양이었는지 한 마디로 말하기는 쉽지 않다. 나의 사랑은 조금씩 더 깊어졌고, 넓어졌으며 그 모양도 다양하게 바뀌어갔기 때문이다. 그래서 나는 늘 말한다. 사랑은 만들어가는 것이며, 사랑은 쌓아가는 것이며, 사랑은 시나브로 스며드는 것이라고.

아이는 결국 할머니와 함께 살던 그 집으로 돌아간다. 그리고 그곳에서 사랑이 무엇인지 비로소 알게 된다. 다락방 창으로 비춰나오는 따스한 불빛, 밥 짓는 냄새, 아이를 반기는 강아지… 아이는 신발을 벗고 뜰에 서서 발가락을 구부려 흙에 단단히 파묻는다. 뜰 앞에 오롯이 선 아이의 모습을 보면 아무 말 하지 않아도 아이가 느꼈을 마음이 고스란히 느껴진다.

시간이 흐른 뒤 할머니는 아이에게 사랑을 찾았냐고 묻는다. 이제 다 자란 아이는 할머니의 품에 안겨 그저 "네"라고 답한다. 혹여 붙잡은 사랑이 달아날까 봐 한마디 말까지 아끼는 것처럼.

누군가 나에게 사랑이 무엇이냐고 묻는다면 이제 나도 이렇게 대답해야겠다. "대답하기 참 어려운 걸. 세상에 나가보렴. 그러면 답을 찾을 수 있을 거야."

● 최혜정

『사랑 사랑 사랑』이 어른의 삶에 던지는 질문

이제 다시 생각해봅시다.
사랑은 무엇인가요?

어른의 삶으로 동화 읽기

『0에서 10까지 사랑의 편지』 수지 모건스턴 원작, 토마 바스 글·그림, 이세진 옮김, 길벗어린이

1996년에 발표되어 지금까지도 전 세계 어린이 독자에게 사랑받는 수지 모건스턴의 동화가 원작인 그래픽 노블입니다.

학교와 집밖에 모르던 잘생긴 외모의 열 살 소년 에르네스트. 빅투아르는 그런 에르네스트에게 한눈에 반합니다. 건조하기만 했던 에르네스트의 일상은 사랑에 적극적인 빅투아르 덕분에 촉촉해집니다. 하지만 과묵한 할머니와 단 둘이 사는 에르네스트와 성인이 된 큰 오빠부터 6개월 된 남동생까지 형제만 해도 열세 명인 빅투아르는 서로 달라도 너무 다릅니다.

하지만 에르네스트는 빅투아르 덕분에 가족의 정과 소통의 부재로 인한 문제를 조금씩 깨닫고 달라져갑니다. 책을 읽는 독자 역시 잊고 지냈던 가족의 소중함을 발견하게 됩니다.

팔랑팔랑, 살랑살랑

『팔랑팔랑』
천유주 글그림
이야기꽃

옆에 누워있는 남편의 얼굴을 본다. '참 많이 늙었구나. 와! 모공이랑 주름 좀 봐.'
처음 만났을 때보다 몸무게가 13킬로그램이나 늘었다는 데도 팔다리는 오히려 나보다 가늘어진 것이, 아무래도 살들이 중부지방에 다 몰렸나 보다. 요즘엔 시도 때도 없이 흐르는 식은땀 때문에 목에 수건까지 두르고 잠을 잔다. 영양제가 쟁반 위에 수북하고 보약과 각종 건강즙을 넣어두는 소형 냉장고까지 있다. 낼모레면 나이가 쉰이니, 외모도 건강도 예전 같지 않은 게 당연하다. 뭐, 거울로 내 모습을 비추면 탄식이 나오는 건 매한가지다. '그렇지. 나도 만만치 않지.'

그림책 『팔랑팔랑』은 다소 칙칙한 우리의 모습과는 다르게 사랑이 시작되는 연인들을 보여주는 그림책이다. 그래서 온통 연분홍빛이다. 나무에서 벚꽃이 하늘하늘 떨어지고 귀여운 두 마리 새가 도란도란 정겹다. 인연의 시작은 그 자체로 설레고 아름다운 법. 이제 막 옴찔거리기 시작한 나비와 아지의 마음도 언젠가는 꽃잎처럼 팡팡 터지겠지? 두 사람의 콧잔등을 번갈아 간질이던 벚꽃 잎은 나를 14년 전의 봄날로 데리고 갔다.

때는 2008년 5월 어느 주말, 다섯 번째 데이트 날. 남편이 운전하는 차를 타고 우리는 파주 헤이리 마을로 향했다. 꽃잎이 팔랑팔랑 날리고 바람은 살랑살랑 부는 그런 평온한 날이었다. 주말인데다 날이 좋아서 그런지 사람들도 적당히 북적였다. 작은 공연, 부스체험 이벤트가 있어서 마치 봄 축제에 온 것 같았다. 우리는 행복에 취해 곳곳을 누비며 영화 속 주인공이 된 것처럼 얘기 나누고, 걷고, 또 웃었다. 두 사람의 젊음만큼이나 싱그러웠던 봄날의 풍경, 피부에 닿는 바람의 온도, 햇살의 느낌, 모든 것이 완벽했다.

얼마 전에 읽은 동화 『시간을 굽는 빵집』이 생각난다. 이 책에는 '잊고 싶지 않은 특별한 시간'을 빵으로 구워주는 가게가 나온다. 그 빵을 먹는 순간, 본인이 기억하고 싶은 그날의 추억도 생생히 살아나는 것이다. 이 빵의 제조 비법은 의뢰인이 만드는 빵 반죽에 있다. 밀가루를 조물조물 할 때 기억하고 싶은 그날의 기분과 감정을 떠올려 최대한 그 느낌대로 반죽을 하면 영원히 간직하고 싶은 추억은 하나의 빵으로 다시 태어난다. 기발하면서도 사랑스러운 이야기다.

내게 영원히 간직하고 싶은 날을 빵으로 만들라고 한다면 바로 그 오월의 데이트를 택하겠다. 핑크빛으로 뒤덮인 세상 속에서 손을 꼬옥 잡은 그날 말이다. 행복한 찰나의 순간을 콕 집어 '찰칵' 사진으로 남긴다면 한 장으로는 모자랄 정도로 '간질간질, 두근두근'

'공원에서 노래를 불러줄 때의 맑은 햇살, 기분 좋은 설렘. 찰칵!'

'나무 옆에 서보라며 사진을 찍어주던 모습, 수줍은 표정. 찰칵!'

'우연히 들른 공방에서 선물로 준다며 찻잔에 나무 그림을 그려주던 남편의 얼굴, 좋아하는 마음. 찰칵!'

유난히 설레고 행복했던 감정을 조물조물 반죽하여 상상의 빵 하나를 만들어본다. 이름하여 '사랑의 시작, 연분홍색 스펀지케이크.' 폭신폭신한 식감과 살짝 달콤한 우유 맛이 이 빵의 특징이다. 먹으면 세상이 온통 핑크빛으로 보인다나. 이 빵을 먹은 사람에게 '연인의 단점이 혹시 뭐에요?'라고 물으면 열이면 열, '너무 완벽해서 흠이 없는 게 단점이에요'란 대답을 듣게 된다.

따뜻한 봄기운이 부리는 마법인지 그림책의 힘인지는 모르겠으나 나는 이런 오글거리는 상상의 빵 제조까지 하게 되었다. 우리 둘의 첫 만남 기념일이 머지않았다. '팔랑팔랑, 살랑살랑' 그날을 기억하며, 골골대지만 여전히 멋진 남편과 함께 비슷하게 생긴 케이크라도 사서 나누어 먹어야겠다. 14년 전 그가 즉흥 가사를 입혀 불러주었던 쇼팽의 녹턴을 들으면서 말이다.

● 김혜경

『팔랑팔랑』이 어른의 삶에 던지는 질문

생각만해도 봄날같은 나의 사랑에게
오늘은 무엇을 해줄 수 있을까요?

어른의 삶으로 동화 읽기

『열 살, 사랑』 박효미 글, 유경화 그림, 웅진주니어

처음으로 사랑이라는 감정을 느낀 열 살 힘샘이가 연애와 이별을 통해 성장하는 이야기입니다. 누군가를 좋아하기 시작하면서 느끼는 두근거림, 애타는 마음, 게다가 자꾸 어긋나기만 하는 상황들, 이 모든 서툰 사랑의 순간들이 귀엽고 깜찍하게 전개됩니다.

힘샘이는 그렇게 좋아하던 해주와 사귀게 되고, 또 헤어지게 되면서, 아무리 좋아하는 사이라도 마음이 완전히 같을 수는 없고, 서로의 다름을 이해하지 않으면 함께 할 수 없다는 것을 알게 됩니다.

미숙한 사랑을 하는 아이들의 풋풋한 모습을 보며 옛사랑의 추억을 떠올릴 수 있고, '진짜 사랑은 상대를 이해하는 것'이라는 진리도 되새길 수 있습니다.

우리 부부 이야기

『7년 동안의 잠』
박완서 글, 김세현 그림
어린이작가정신

그림책 『7년 동안의 잠』을 처음 본 것은 2018년 어느 날, 학교도서관에서였다. 국어 수업 준비를 위해 무심코 펼쳐 든 책이었는데 한동안 눈을 뗄 수 없었다. 7년이라는 긴 시간 동안 땅속에 웅크리고 있는 매미의 모습이 인상적이었기 때문이다. 매미의 모습이 모든 욕구를 초월하고 인고의 시간을 겪는 것으로 보였다.

책 속의 매미를 보며 남편을 떠올렸다. 2017년, 남편은 별다른 계획도 없이 하던 일을 모두 접었다. 아르바이트를 시작으로 대학 때부터 쉼 없이 일만 해오던 그가 백수가 된 것이다. 무려 2년간이나. 먹고 살기 위한 직업이 아닌, 진정으로 좋아하고 가슴 뛰게 하는 일을 찾으려고 했다. 그러나 그에게 허락된 것은 길고 긴 고독이었다. 내려놓지 못하는 것들이 보였고 자기 가치를 애써 입증할 필요도 없이 '나는 아무것도 아닌 존재'라는 사실만을 깨닫는 것 같았다. 퇴근하고 집에 돌아왔을 때 침대 옆 방바닥에 대충 펼쳐진 이불, 방 안 가득 무거운 공기, 남편의 어두운 얼굴을 지금도 잊지 못한다. 책 속의 매미를 보고 남편을 떠올린 이유이다.

그리고 나 역시도 힘들었었다. 장기 휴직 후 복직한 터라 학교 일도 서툰 데다 삼 남매가 아직은 어려 손이 많이 가던 시기였다. 특히 둘째가 입학한 해였는데 섬세하게 챙겨주지 못한 게 지금도 미안하다. 어느 날, 학교 일로 정신없이 일하던 중 아이 친구 엄마로부터 문자가 왔다. 도롯가에 이름이 적힌 가방이 뒹굴고 있는데 아무리 찾아도 아이가 안 보인다며 얼른 와보라는 내용이었다. 아이의 전화기마저 꺼져있어 가슴을 졸이며 집에 돌아왔다. 결국 옆 단지 놀이터에서 아무 생각 없이 놀고 있던 둘째를 찾았다. 처음에는 화가 났지만, 아이의 헝클어진 머리카락이 우리 가정의 그늘을 보여주는 것만 같아 마음이 아팠다.

안팎으로 분주하던 그때 아내로서 내가 해줄 수 있었던 것은 남편의 이야기를 계속 들어주는 것뿐이었다. 아파트 단지를 수백 번, 수천 번 돌았다. 어떤 날은 무언가 깨달아 눈을 반짝거리며 말하기도 했고, 또 어떤 날은 다시 답답한 한숨을 내쉬기도 했다. 의지가 많은 사람이지만 섣불리 나서지 않고 꿋꿋이 버텼다. 지금 생각해보면 어떻게 그 시간을 견뎠나 싶다.

"나는 매미의 노랫소리가 참 듣기 좋았는데. 일하는 고달픔이 가실 만큼."

"나도야. 매미의 노래를 들으며 나는 처음으로 땅 위의 여름이 얼마나 아름다운가를 알았어."

오랜 굶주림으로 지쳐있었지만, 그림책 속의 개미들은 매미를 도와주기로 마음 먹는다.

그때를 회상할 때 다행이라고 생각하는 점은 남편을 향한 소망을 절대 놓지 않았다는 것, 그리고 개미들처럼 그에게 응원의 말을 아끼지 않았다는 것이다.

매미가 개미들의 도움으로 콘크리트 천정을 벗어나듯 이제 우리도 보이지 않는 여러 힘에 이끌려 시골 마을에 둥지를 틀었다. 그리고 북스테이 서점 '아르카북스'를 만들었다. 남들은 잘 갖추어진 현재의 모습만 알겠지만 우리는 그 시작과 과정에 있었던 숨은 이야기를 가지고 있다. 매미가 날개를 펴고 하늘을 향할 때, 땅속에서 외롭게 지낸 7년의 세월도 같이 품고 날아오르듯 말이다. 우리는 죽은 것 같았던 그 시간이 얼마나 귀한지 알고 있다.

날개 돋은 매미가 숲에서 우는 시간은 고작 한 달. 매미는 그 한 달여의 시간을 위해 7년을 잔다고 한다. 그러면 우리는 '맴, 맴, 맴' 충분히 울었을까? '아르카북스'에서 새로운 일을 시작한 것이 그것일까? 남편은 아직 꺼내놓지 못한 말들이 많다고 한다. 어쩌면 우리에게 더 긴 잠이 필요할지도 모르겠다.

『7년 동안의 잠』을 처음 만난 지 4년이 지난 지금, 새롭게 보이는 것이 있다면 바로 표지 그림이다. 개미의 얼굴이 반짝인다. '매미'만 주인공이 아니라 '개미' 또한 이야기를 완성하는 데 있어 얼마나 중요한 존재인가를 말해주는 것 같다. 야무진 얼굴에 또렷한 눈을 가진 개미가 내게 말을 건넨다.

"매미가 7년 동안 잠을 자다가 숲으로 난 길로 날아간 것처럼, 너도 너의 인생에 충실해 봐. 너는 어떤 생명을 가지고 태어났니? 다음은 남편이 아니라 네 차례야."

하늘로 올라가는 매미에게 박수를 보냈던 개미도 자기 삶의 주인공으로 하루하루를 살아갈 것이다. 개미의 일생을 그림책으로 만든다면, 나의 삶을 그림책으로 만든다면, 어떤 이야기가 써질까? 그런 생각을 하니 마음이 몽글몽글 설렌다.

● 김혜경

『7년 동안의 잠』이 어른의 삶에 던지는 질문

기나긴 매미의 잠처럼 멋진 날개를 달아줄
나의 인고의 시간은 무엇을 위한 것인가요?

> 어른의 삶으로
> 동화 읽기

『사랑에 대한 작은 책』 울프 스타르크 글, 이다 비에슈 그림, 이유진 옮김, 책빛

    2차 세계 대전이 끝날 무렵에 가장 추웠던 겨울을 배경으로 한 이야기입니다. 프레드는 부모님께 '평화'를 뜻하는 이름을 받았지만, 소용이 없었습니다. 1944년, 전쟁이 일어납니다. 아빠는 국경을 지키기 위해 집을 떠나야 했고, 엄마는 힘들어진 삶을 지탱하느라 지쳐있습니다. 이렇게 아픔이 가득한 프레드의 마음에 첫사랑 엘사가 찾아옵니다.

    엘사는 힘이 세서 팔씨름도 잘하고, 부스스한 갈색 곱슬머리는 마치 전기가 흐르는 것처럼 보이는 데다 코맹맹이 소리를 내는 여자아이인데도 프레드는 엘사만 생각하면 마음이 따뜻해집니다. 이 사랑이 주는 따스함으로 춥고 외로운 겨울을 이겨내며 견딜 수 있습니다. 사랑이 주는 위대한 힘에 대해 생각해보게 합니다.

가슴 설레며 기다립니다

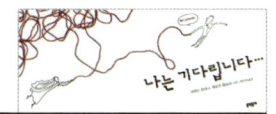

『나는 기다립니다』
다비드 칼리 글, 세르주 블로크 그림
안수연 옮김, 문학동네

'당신이 기다려지는 것, 기다리고 있는 것은 무엇인가요?'라는 질문에 나는 '60살 이후'라고 답한 적이 있다. 다른 이들이 무어라 말했는지 정확히 기억나진 않지만, 연수를 받으며 내가 적어 낸 답에 대해 동료 선생님들의 관심이 집중되었던 기억이 있다. 어떤 이는 예순 살 즈음이면 직장에 출근하지 않아도 되는, 일을 그만해도 되는 정년퇴직을 기다리는 것이 아니냐고 묻기도 했다. 하지만 내 생각과 이유는 다른 데에 있었다. 예순 살 즈음에는 내게 어떤 새로운 변화가 와 있을지 무척 기다려지기 때문이다. 나는 지금의 일을 좋아하지만, 그때쯤이면 나의 의사와는 관계없이 하고 있던 일을 마무리했을 것이다. 일벌레이고, 사람 좋아하고, 호기심 많은 나는 그때 역시 뭐라도 하고 있을 것인데, 어떤 일을 하고 있을지, 또 어떤 새로운 만남을 맞이할지 매우 기대되고 가슴까지 설렌다.

그리고 내가 예순 살 즈음을 기다리는 또 한 가지 이유는 젊은 시절로 다시 돌아가고 싶지 않기 때문이다. 지나온 시절에 후회되는 일이 없는 것은 아니다. 하지만 그동안 나에게 주어진 형편과 역할에 따라 나름대로 열심히 살아왔고, 무수히 많은 기다림을 거쳐 만나게 된 나의 소중한 흔적과 인연들을 지우고 싶지 않다. 카톡과 메일로 주고받은 수많은 이야기를 지우지 못하고 간직하고 있는 것처럼. 다시 꺼내 볼 앨범을 꽉꽉 채워가듯이 인생의 중반까지 살아온 것이 무척 대견하고 아까워서 돌아가고 싶지 않다. 더 솔직하게 말하자면, 이 나이가 될 때까지 다시 살아낼 힘이 없는 것 같기도 하다. 하늘이 준 수명을 다할 때까지 잘 살아내는 것이 소명인 것처럼 이 세상에서의 숙제를 차근차근 마무리하며 살아가고 싶다.

그림책 『나는 기다립니다』는 한 소년의 일생을 통해 우리가 맞이하는 많은 기다림을 이야기하고 있다. 이야기 속 자그마한 소년은 인연의 끈, 시간의 끈, 삶의 여러 모양이 되기도 하는 빨간색 실을 온 힘을 다해 잡아당기고 있다. 소년은 늘 기다린다. 어서 키가 클 날을, 케이크가 다 구워질 시간을, 비가 그치는 순간과 눈부신 크리스마스를. 기다림의 시간 속에 소년은 청년이 되고, 청년이 된 그는 또 기다린다. 사랑이 찾아오는 날을, 운명처럼 다가온 그녀를 다시 만나는 날을, 그녀의 편지가 도착하는 날을, 그녀와 영원한 사랑의 서약을 하는 날을. 또 배가 불룩하게 부른 그녀의 옆에 누워 곧 태어날 아기와 만날 날을 기다린다. 또 아이들이 자라기를, 휴가를, 그리고 돌아선 그녀에게서 듣고 싶은 "미안해"라는 한마디를 기다리고 기다린다.

부부와 둘을 꼭 닮은 아이들을 이어주던 빨간 실타래는 어느 순간, 뒤죽박죽 엉켜버린다. 얽히고설킨 빨간 실타래 속에서 둘은 등을 돌려버린다. 하지만 실타래는 끊어지지도, 멈추지도 않고 여전히 이어진다. 얼굴에 주름은 깊어지고 등은 굽고 쇠약해진 부부는 여전히 기다리고 있다. 그들이 기다리는 것은 무엇일까?

그림책에서 모든 기다림의 순간들은 길거나 짧은 빨간 끈으로 이어지고 있다. 붉은 털실은 펴졌다가 구불거렸다가, 짧아졌다가 길어지기도 하고, 약해졌다가 다시 튼튼해지고, 금방 끊어질 듯이 아슬아슬해지기도 한다. 털실의 강렬한 색상과 끝없는 변신으로 인간의 삶과 감정을 이렇게 생생하게 표현할 수 있다니 감동적이다.

『나는 기다립니다』의 어린 소년은 나이기도 하고, 나의 옆지기이기도 하고, 나의 아들이기도 하다. 우리는 서로의 소중함이 되어 기대하고 기다리며 살아간다. 그래서 인생은 끊임없는 기다림의 여정이며 기다림은 곧 만남의 연결고리가 된다. 사람이건, 자연이건, 사물이건 우연한 만남이란 없다. 모든 만남의 순간들은 기다림의 결과이니 과거와 맞닿아 이어지고 다가올 미래의 모든 순간과 함께한다. 결코 예사롭지 않은 우리의 만남은 끊어질 수 없는 붉은 인연의 끈으로 이어져 있을 것이니 오늘도 나는 인생의 다음 순간을 가슴 설레며 기다린다. 기다림은 초조함과 긴장감, 행복감, 지루함까지 모두 주지만, 또 다른 세상으로 이끌어주는 아름다움이 있다. 아마도 기다림은 사랑의 또다른 모습일지도 모르겠다.

사랑에 관하여

30여 년 세월 동안 희노애락을 함께 해 온 나의 옆지기와 나의 사람들과 같은 곳을 바라보며 때론 마주 보며 선물같이 다가오는 하루하루를 맞이하면 정말 좋겠다.

● 정수정

『나는 기다립니다』가 어른의 삶에 던지는 질문

**내가 지금 기다리고 기다리는 것은
무엇인가요?**

어른의 삶으로
동화 읽기

『안녕 사랑 안녕 행복도』 패니 브리트 글, 이자벨 아르스노 그림, 박선주 옮김, 책과콩나무

    열한 살 소년 루이는 엄마와 어린 남동생과 함께 대도시의 작은 집에서 삽니다. 아빠는 알코올 의존증 때문에 가족과 떨어져 시골에서 요양하며 혼자 지냅니다. 루이는 아빠가 술독에 빠지기 전 마당이 있는 시골집에서 네 식구가 함께 살던 행복한 시절을 그리워하며 남몰래 운다는 것을 알고, 엄마가 늘 불안해하고 평소보다 더 불안하면 앞머리를 자른다는 것도 압니다. 하지만 루이는 소심한 아이입니다. 이 모든 것을 마음에 담아두기만 합니다.
    어느 날, 루이는 책읽기를 좋아하고 약한 아이들을 괴롭히는 못된 아이에게 당당히 맞서는 빌리를 사랑하게 됩니다. 사랑을 느끼며 마음이 성장하는 루이의 모습을 보며 아이들은 물론, 삶에 지친 어른들까지 따뜻한 위로를 받게 되는 그래픽 노블입니다.

엄마가 되어

네가 처음 세상에 온 날,
해도 너를 맞으러
어둠 속에서 얼굴을 내밀었지.
네가 내게 왔다는 것,
그건 기적이었어.

『너는 기적이야』(최숙희, 책읽는곰) 중에서

'엄마'라는 호칭에 담긴 백만 볼트 에너지

『아빠는 내가 지켜 줄게』
고정순 글·그림
웅진주니어

"엄마, 먹고 싶은 게 있어요."
수업이 끝나자마자 저녁 메뉴 요청이 들어왔다. 엄마가 엄청 피곤하니 그냥 시켜 먹자는 말이 목구멍까지 올라왔지만, 그냥 꾹 눌렀다. 집을 교실 삼아 하는 수업은 늘 이 모양이다. 수업하고 돌아서면 청소, 수업하고 돌아서면 설거지, 수업하고 돌아서면 밥…

"뭐 먹고 싶은데?"
"엄마표 김치찌개요. 돼지고기 많이 넣어서요."
"오케이~ 엄마가 후딱 해줄게. 조금만 기다려."

선생님다운 복장, 불편한 정장을 벗지도 못한 채로 김치찌개를 만들기 시작했다. 자르고 볶고 끓이며 뚝딱뚝딱 저녁을 차려내고 휴~ 하고 식탁에 앉았다. 사실 숟가락 들 힘도 없었지만 마주 앉아 맛있게 김치찌개 먹방을 하는 아들의 모습에 미소가 절로 나왔다. 다이어트를 한다며 고구마 하나만 들고 식탁에 앉았던 딸도 김치찌개의 유혹에 숟가락을 들고 말았다. 아주 만족스러웠다. '잘 먹네. 좋다.'

그렇게 저녁을 먹고는 식탁에 앉은 채로 꼬박 2시간을 떠들었다. 다음 날 강의와 수업 준비 등 할 일이 산더미 같이 쌓여있었지만 모두 하찮아 보이는 마법이 밥상머리에서 펼쳐졌다. 사랑에 관해 이야기하고 결혼에 관해 이야기했다. 미래에 관해 이야기하고 종교에 관해서도 이야기했다. 아이들이 무엇인가를 물어오는 게 좋았고, 아이들이 제 나름의 생각을 이야기하는 것이 좋았다. '많이 자랐구나. 나, 참 애썼구나. 이렇게 키워내다니!' 이런 생각을 하면서 끝없는 수다를 떨었다.

그림책 『아빠는 내가 지켜 줄게』에는 아빠와 딸의 다정한 대화가 나온다. "우리 예쁜 딸, 나중에 크면 좋은 사람이 우리 딸 지켜 주면 좋겠어."라는 말을 시작으로 아빠와 딸은 '지켜 주는 것'에 대한 이야기를 나눈다. 귀여운 딸은 늘 일에 지쳐 고단한 아빠를 지켜 주겠다고 사랑스러운 말을 한다. 아빠와 딸은 두런두런 이야기 나누며 서로의 사랑에 깊게 스며든다. 그렇게 우리 집 식사 시간도 이야기에 시간 가는 줄 모르고 흐르고 말았다. 밥그릇에 밥풀들이 마르고 식탁 위에 흘린 반찬 국물이 말라비틀어지도록…. 그러다 정신을 차려보니 11시! "아~~~ 엄마 큰일 났다. 할 일 엄청 많아!" 비명을 지르며 그제야 저녁 식탁을 치우고 일을 시작했다. 밀린 일 처리를 하기 위해 날밤을 새우는 고초를 겪어야 했지만, 엄마라서 참 행복했다.

"엄마"라고 부르는 소리를 들으면 내 가슴에 푸른 강물이 세차게 흐르는 것 같다. 피카츄처럼 백만 볼트 에너지가 순식간에 '찌릿' 온몸에 전달된다. 나에게 맡겨진 고귀한 생명의 부름이 날 일으켜 세운다.

'엄마'로 살아가는 삶을 선택한 그 순간부터 나는 내 아들의, 내 딸의 세상을 준비해주는 위대한 조력자가 되었다. 어디에도 없는 유일무이한 엄마!

멋있지 않은가! '엄마로 사는 삶은!

● 최혜정

『아빠는 내가 지켜 줄게』가 어른의 삶에 던지는 질문

**지켜 주는 존재가 되기 위해 갖추어야 할
힘은 무엇이 있을까요?**

어른의 삶으로
동화 읽기

『다시 태어나도 엄마 딸』 스즈키 루리카 글, 이소담 옮김, 다산책방

    스즈키 루리카는 이 책을 출간할 당시 14세로, 초등학교 4, 5, 6학년에 걸쳐 일본 대표 출판사 쇼가쿠칸에서 주최하는 '12세 문학상' 대상을 3년 연속 수상하며 자신의 이름을 세상에 알렸습니다.
    소설집에는 다른 가족 없이 엄마와 단둘이 지내는 초등학교 6학년생 소녀 다나카 하나미의 이야기를 다룬 5편의 연작 단편이 실려있습니다. 올곧으로 힘든 막노동을 척척 해내며 딸에게 가난을 묻히지 않으려 부단히 애쓰는 엄마 마치코. 그런 엄마를 지켜보며 자신보다 엄마의 행복을 바라는 하나미. 서로의 존재 덕분에 햇볕 한 줄기가 없는 곳에서도 엄마와 딸의 행복은 눈부시게 빛납니다.
    다나카 모녀의 유쾌하고도 애틋한 이야기에는 세상을 바라보는 작가의 맑은 시선과 눈부신 통찰력이 고스란히 담겨있습니다.

너는 내 기적이야

『너는 기적이야』
최숙희 글·그림
책읽는곰

내 인생에서 가장 강렬한 만남은 2012년 봄, 어느 날 이루어진다.

친구들과 새로 생긴 쇼핑몰에 가서 맛있는 것도 먹고, 그동안 쌓인 얘기도 나누며 룰루랄라 신이 났었다. 나온 김에 장도 보겠다며, 쇼핑몰의 마지막 코스이자 큰 재미인 지하 마트를 향했다. 식품 코너에는 뭐가 있으려나 기대하면서 에스컬레이터를 타고 내려가는데 갑자기 똑바로 서 있지 못할 정도로 강하게 아랫배가 아파왔다. '이건 무슨 일이 생긴 거구나' 싶어 걱정되는 마음으로 산부인과로 달려갔다. 처음 느껴보는 통증이었지만 직감적으로 산부인과를 가야 한다고 생각했다. 하지만 걱정과는 달리 통증의 원인은 '새 생명'이었다.

의사 선생님은 아직 아기집도 생기지 않았으니 2주 후에 다시 오라고 하셨다. 그렇게 아이는 "엄마, 내가 왔어요!" 하며 초음파로 보이기도 전부터 아주 강렬하게 자신의 존재를 알려주었다. 그리고 햇볕이 유난히 따뜻하던 어느 겨울날 건강하게 세상으로 나왔다.

세상을 향해 호기심이 넘치는 아이가 기어 다니기 시작하면서 기동성까지 얻자 낮잠 재우기가 더 어려워졌다. "코~자자."하고 누우면 오뚝이마냥 오뚝 일어나서 기어 다니고, 한참을 자장가를 부르며 토닥토닥해주어 이제 좀 잠이 드는가보다 싶으면 활어마냥 펄쩍 뛰어 몸을 뒤집어서 기어갔다. 졸린 것도 꾹 참으면서 몸을 움직여 계속 놀고 싶어하는 아이를 재우는 가장 좋은 방법은 그림책을 읽어주는 것이었다.

잠자기 싫어하는 아이에게 '널 재우려는 것이 아니야. 우린 그냥 이 그림책에는 어떤 이야기가 들어있나 같이 보는 것뿐이야. 너도 궁금하지? 그러면 어서 이리 엄마 옆으로 와. 우리 구름처럼 폭신한 이불 위에 편안하게 누워서 이 책의 이야기를 들어보자.'라는 분위기를 조성한다. (대사는 없다. 눈빛과 분위기로 아이에게 이 느낌을 전달해야 한다. 아이를 키우는 사람에게 신기한 육아 필수템이나) 책에 대한 호기심에 아이가 스스로 누웠다면 야호! 절반은 성공한 셈이다.

이제 아이의 온 관심을 책에 집중시켜 몸의 움직임을 최소화하게 만들면 아이는 저도 모르게 달콤한 낮잠에 빠질 것이다. 이때 중요한 건 글이 긴 책이어야 한다는 것이다. 순식간에 다 읽어버리면 다음 책으로 바꾸는 사이에 아이는 또 기어가 버릴 테니까.

그림책 『너는 기적이야』를 아이와 함께 읽으려고 가져왔다. 이제 곧 아이는 잠들 것이고 드디어 나에게는 입을 닫고 쉴 수 있는 시간이 올 것이다. (이 시기에는 내가 묻고 내가 대답하고, 아이와의 대화를 혼자 다해야했다. 아이의 옹알이를 대신 말로 풀고, 그 말에 대답까지 해주어야 하기에 내 입이 가만히 있을 수 있는 시간이 거의 없었다.) 아이가 잠들면 잠깐의 자유를 얻을 수 있다는 설레는 마음으로 책을 펼쳤다.

그런데 첫 장을 읽자마자 좀전의 설렘은 사라지고 코끝이 찡해지고 책을 읽는 내 목소리가 떨린다. 그림책 속 아이의 첫 이가 나는 부분까지 읽으면, 못 참고 눈물이 뚝뚝 흐른다. 그런 엄마와 상관없이 이 틈을 놓치지 않고 아이의 주의력은 이미 다른 곳으로 가버린다. 책을 앞뒤로 휙휙 넘기며 왔다 갔다 하다 부욱 찢어놓는다. '네가 몹시 아프던 날…'이 나오는 대목에선 나는 소리 없는 오열을 하고 있는데 아이는 기어서 이미 저쪽으로….

그래, 언젠가 너도 학교에 가게 된다면 '네가 처음 학교에 가던 날…'이 나오는 페이지까지도 읽을 수 있겠지 했다. 겨우 아이를 재우고 아이가 자는 동안 늘 그렇듯 그 날도 찢어진 책을 정성껏 수선했다. 찢어진 책을 붙이다 듬성듬성 눈에 들어오는 글자들에 나는 또 울어버렸다.

살면서 많은 사람과의 만남이 있었다. 하지만 나를 바꿀 만큼 강한 만남은 없었다. 그런데 내가 만난 사람 중 가장 작은 사람인 이 '아이'가 나를 바꾸어 놓았다. 초저녁잠이 많아 8시 언저리에 하던 장안의 화제 그 재밌는 시트콤들도 못 보던 나를 자정이 넘도록 눈을 부릅뜨며 버틸 수 있게 바꿨고, 예쁜 그릇에 음식을 담아 정갈하게 차려 먹는 걸 좋아하는 나를 국에

밥만 말아 후루룩 먹게 했고, 나의 세상에만 관심 있던 나를 바깥세상에도 관심 갖게 했다. 그리고 점점 더 좋은 사람이 되고 싶게 만들었다.

이 책의 제목처럼 내 아이와의 만남은 기적이다. 나를 바꾸면서, 나를 다 내주면서까지 함께하고 싶게 만드는 기적, 그 기적이 바로 나의 아이이다.

● 김혜련

『너는 기적이야』가 어른의 삶에 던지는 질문

나의 삶에 다가온 기적 같은 사람은 누구인가요?

어른의 삶으로
       동화 읽기

『엄마 사용법』 김성진 글, 김중석 그림, 창비

    주인공이 '생명 장난감 엄마'에게 엄마의 역할을 하나씩 가르쳐주면서 함께 진짜 가족이 되어가는 과정을 재미있게 그렸습니다. 로봇이나 인형처럼 엄마를 조립해 사용한다는 설정이 독특하고, 엄마와 아이의 역할이 뒤바뀐 구도 역시 흥미롭습니다. 주인공의 말과 행동을 통해 아이들이 어른들에게 바라는 바를 알 수 있습니다.
    마음에 들지 않는 장난감 엄마를 고치기 위해 현수는 할아버지의 조언을 듣고, 엄마에게 자기가 좋아하는 것을 먼저 해 보이며 차근차근 '진짜 엄마'로 만들어 갑니다.
    엄마의 삶과 어른의 삶, 아이와의 관계, 가족에 대한 다양한 고민을 함께 해볼 수 있는 이야기입니다.

너만의 날갯짓을 하렴

『난 나와 함께 갈 거야』
라켈 디아스 레게라 글:그림
정지완 옮김
썬더키즈

"쾅!"

방문이 닫히는 횟수가 이제 조금씩 잦아지고 있다.

10살까지가 품 안의 자식이라던 선배 엄마들의 불안한 예언의 시작은 문 닫히는 소리로 서막을 알리는건가. 앞으로 시작될 이 변덕스러운 공연을 어떻게 지켜볼 것인가!

태어나서 처음 집에 오던 날 너무 작아서 아기 침대의 짧은 세로 방향으로도 쏙 들어가던 너. 그 사이 자란 팔다리의 기럭지만큼 너의 생각들도 시나브로 자라나고 있었던 거겠지. 딸은 크면 엄마의 친구가 된다는 흐뭇한 기대는 오늘도 기어이 닫힌 방문 앞에서 금세 현실로 돌아온다. 마음이 닫힐 때 청진기를 가만 대어보면 저런 소리가 날까? 닫힌 방문을 열고 마음에 들지 않는 딸의 태도와 행동들에 대해 잔소리를 쏟아내고만 싶다.

그림책 『난 나와 함께 갈 거야』의 주인공은 사춘기 소녀다. 이 소녀의 모습은 매우 독특하다. 고글같이 커다란 안경을 쓰고 있고 머리에는 축음기와 새들이 올라 앉아있다. 잠자리 날개처럼 얇고 투명한 날개도 가졌다. 지금 이 소녀는 코끝을 간지럽게 하고 무릎을 휘청이게 만드는 첫사랑에 빠져 있다. 소녀는 사랑하는 '마틴'에게 잘 보이기 위해 자기 모습을 하나하나 바꿔나간다. 양 갈래로 달랑 묶었던 머리도 얌전하게 풀고, 말수도 줄이며 안경도 바꾸고 머리의 새들도 날려 보낸다. 급기야 남들에게는 없는 자신만의 날개도 떼어버린다. 오직 마틴을 위해!

그러나 마침내 마틴이 자신을 쳐다보는 순간, 마틴의 눈동자 안의 '나'는 진짜 내가 아님을 깨닫게 된다. '이제야 알겠어, 난 나와 잘 어울려'라고 말하는 소녀는 진정 자신을 사랑하는 법을 깨닫는다. 소녀는 마틴의 마음에 들도록 자신을 바꾸라고만 하던 친구들의 충고를 뒤로하고 휘둘림 없이 당당하게 자신을 지켜낸다. 뉘 집 딸인지 참 기특하다.

그런데 간섭하던 친구를 부모로 바꿔보면 당황스럽게도 내 마음이 슬그머니 달라진다. 이건 부족하고, 저건 필요하고, 이런 건 약간만 고쳤으면 좋겠다는 부모의 애정 어린 조언은 불필요한 충고나 간섭이 아니라 관심의 표현이라고 자꾸만 우겨보고 싶다. 표지 속 소녀의 모습이 개성 있고 귀엽다고 바라보다가도 '그 소녀가 우리 집 식탁에 앉아있다면 나의 입에서는 어떤 말이 튀어나올까?'를 생각하니 픽 웃음이 나온다.

소녀의 머리에 있던 축음기와 새들이 소녀의 발랄하고 유쾌한 생각들과 감성을 표현했다면, 우리집에도 새로 나온 아이돌의 방송 댄스에 맞춰 고개를 까딱거리는 감성 소녀가 있다. 여리고 투명한 소녀의 날개가 곧 더 넓은 세상으로 날아가기 위한 준비라면, 우리집에도 이제 막 봉긋해진 가슴을 활짝 펴고 세상을 향해 시선을 돌리는 소녀가 있다.

방문 저편의 아이는 지금 무슨 생각을 하고 있을까? 엄마의 지나친 간섭과 잔소리 때문에 자신의 머릿속 생각들을 눌러 없애며 파르르 떨리는 날개를 접어가고 있다면 어쩌란 말인가!! 문고리를 비틀어 열려던 나의 손에 힘을 빼어본다. 지역 청소년 센터에서 육아 상담을 해주시던 상담사분께 딸과의 문제를 상의하자 해주셨던 말이 생각난다.

"선생님, 이제 4학년인데 사춘기가 벌써 온 걸까요?"
"아, 어머님. 아직 시작도 안 된 거예요. 그냥 지옥 문고리에 살짝, 아주 살짝 손만 갖다 댄 거다 생각하시면 되겠어요"
지옥 문고리라고? 이미 지옥 탕에 발은 담근 기분인데 말이다. 아무래도 딸아이가 있는 방의 문고리를 섣불리 열지 않은 것은 신의 한 수 같다. 휴우… 아마도 육아 2차전은 '기다림'과의 싸움일지도 모르겠다. 딸아이도 처음 맞는 심리적 변화일테고, 나도 부모 노릇이 처음이니 한 걸음, 한 걸음, 천천히, 천천히…

그림책 속의 소녀는 어떻게 되었을까? 자신을 인정하고 사랑하는 소녀, 그 후 소녀의 모습이 궁금해진다. 10살까지가 품 안의 자식이라고 못내 아쉬운 듯 말하지만 모든 부모는 바랄 것이다. 내 아이가 품 안에 웅크리고 있던 몸을 쭉 펴고 당당하게 세상으로 나아가기를 말이다. 그것이 육아 전쟁의 최종 고지인 자녀의 '홀로서기'가 아닐까. 자신만의 무늬와 빛깔을 찾아가는 사춘기는 '불행한 예언의 시작'이 아닌 스스로를 당당하게 인정하고 자신을 사랑하며 살아가게 될 '흐뭇한 기대의 시작'임을 알리는 것이라 생각하며 소녀와 나의 딸 '지효'를 응원한다.

● 이은경

『난 나와 함께 갈 거야』가 어른의 삶에 던지는 질문

나만이 가지고 있는 나를 나답게
만들어주는 것은 무엇인가요?

어른의 삶으로 동화 읽기

『잔소리 없는 날』 안네마리 노르덴 글, 원유미 그림, 배정희 옮김, 보물창고

    1년 중 단 하루, '잔소리 없는 날'을 만들어 하루를 특별하게 보내는 가족 이야기입니다. 푸셀은 부모님의 잔소리에 견디다 못해 '잔소리 없는 날'을 단 하루만 하자고 부모님께 제안합니다. 잔소리가 없어지니 푸셀은 부모님께 폭탄 같은 발언과 요구들을 던지는데, 그때마다 푸셀의 부모님이 어떤 반응을 할까 조마조마하며 바라보는 맛이 있습니다.

    이 책은 절대 '잔소리'를 하지 말라거나 어떻게 하라고 주장하지 않습니다. 천방지축 아이와 아이를 대하는 부모님의 모습을 보며 부모 된 어른들의 교육 태도를 곱씹어 보게 합니다. 만약 어제 아침에도 오늘 아침에도 아이들을 향해 폭풍 같은 잔소리를 쏟아놓았다면 반드시 읽어보기를 권합니다.

'노'를 든 딸에게

『노를 든 신부』
오소리 글그림
이야기꽃

아침을 먹고 거실에서 책을 읽고 있는데 큰딸이 이어폰을 끼고 나타나 소파 위에 가로누웠다. 그러더니 다리 한쪽을 들었다 놨다 하며 운동을 시작하는 것이었다. 며칠 전 사촌이 놀러 왔을 때도 동생 셋을 모아 놓고 스트레칭을 시킨 그녀였다. 사춘기에 접어들면서 외모에 부쩍 신경을 쓰고 평균 몸무게가 어떻다느니, 자기는 몇 킬로는 빼야 한다느니 시답지 않은 말을 자꾸 해댔다. 그럴 때마다 나는 핀잔과 쓴소리를 날려주곤 했었다.

'오늘 너 잘 만났다!'
마침 내가 읽고 있던 책은 페미니스트 작가가 쓴 에세이 『헝거』(록산 게이 저)였다. 작가는 어릴 때 남자들에게 끔찍한 일을 겪고 그 상처 때문에 자기 몸을 거구가 되기까지 방치한다. 뚱뚱해진 자신을 사랑하지 못하고 더욱 망가뜨렸고 다른 사람들이 보내는 혐오의 시선까지 느끼며 고통받았다.

엄마가 되어

103

그러나 용기를 내어 다시 일어섰고 자기를 인정하고 사랑하게 된다.

"살을 빼고 예뻐지려고 하는 노력은 어디에서 비롯된 걸까? 왜 유독 여자들은 보이는 것에 민감할까? 사회와 문화가 주입한 기준은 아닐까?"

아이도 엄마가 늘 하는 교과서적인 잔소리보다 작가가 실제 겪은 일을 통해 던지는 메시지에 감응하였는지 엄마 손에 들린 책을 자기가 먼저 읽겠다고 가져가 버렸다.

진정한 자기를 찾아간다는 점에서 그림책 『노를 든 신부』도 딸에게 들려주고 싶은 이야기이다. 어느 외딴곳에 섬이 있었는데, 이 섬은 조건에 맞는 짝을 만나 배를 타고 떠나는 것이 자연스러운 곳이다. 남자에게는 배, 여자에게는 노 한 쌍이라는 조건. '나도 신부가 되어야겠어!' 친구들이 모두 배를 타고 떠나자 심심했던 소녀는 자기도 모험을 떠나기로 마음을 먹는다. 그러나 그녀에게 들려진 노는 하나뿐이다. 신부는 섬 한 바퀴를 돌며 배를 찾았지만 노 한 짝이 모자란다는 이유로 거절만 당할 뿐, 자신을 태워 줄 배를 찾지 못한다. 그녀는 바닷가를 떠나 산으로 발걸음을 옮기는데 거기서도 이해할 수 없는 이상한 배들만 만난다. 그때 그녀는 뭔가가 잘못되었음을 느낀다.

'이건 아니야!', '차라리 심심한 게 나은지도 모르겠어.' 마음속에서 이런 소리가 들려오다니, 얼마나 똑똑한 여인인가! 숲속을 걸어가던 신부는 늪에 빠진 사냥꾼을 만나게 되고 기다란 노를 사용하여 그를 구해준다. '노가 신랑을 찾는 데만 쓰이는 게 아님을 깨달은 신부는 노를 가지고 과일을 따고, 요리를 하고, 곰과 격투를 벌인다. 마침내 그녀는 '한 짝뿐인 노'로 홈런을 날리는 야구왕이 된다.

두 개의 노를 든 신부들이 일제히 똑같은 드레스를 입고, '똑같은 자세로 앉아' 힘겹게 섬을 나가는 모습은 내가 뽑은 명장면이다. 여기서 나는 웃었고 딸은 '끔찍하다'라고 말했다. 나는 내 딸들이 사회와 문화가 규정해 놓은 것들에 순응하여 '끔찍한' 상황도 웃어넘기며 받아들이는 관대함을 갖지 않기를 바란다. '그게 아닐 수도 있지 않을까?' '내가 원하는 삶은 뭐지?' 한 번 멈추어 생각하는 똑!똑!이!로 자랐으면 좋겠다. 노를 들고 배를 타든, 곰과 맞짱을 뜨든, 자기 삶을 주체적으로 끌고 나가는 사람에게서는 빛이 난다. 수많은 스카우트를 받은 그녀가 추운 지방의 야구팀을 선택한 이유도 '하얀 눈을 보고 싶어서'라니. 너무 멋지지 않은가.

'타-악!'
위풍당당한 그녀의 야구공이 시원한 소리를 내며 끝없이 날아간다. 사람들은 환호한다. 나는 이 통쾌한 결말이 아주 마음에 든다. 우리 아이들도 그렇게 자유롭게, 자기다운 모습으로 살기를!

"딸들! 꼬마들이 어느새 이렇게 많이 컸네. 함께 그림책을 보며 이런 얘기도 나누고 말이야. 너희에게 『노를 든 신부』를 읽어준 엄마는 이제야 조금씩 노를 이리저리 굴려 보는 중이란다. 나보다 훨씬 멋진 '노'를 들고 있는 초영아, 루영아. 다른 사람의 기준과 요구 따위에 절대 갇히지 말고 너희만의 홈런을 날려봐. 엄마는 너희의 선택을 믿고 끝까지 응원해 줄 거야."

● 김혜경

『노를 든 신부』가 어른의 삶에 던지는 질문

한 짝뿐인 노처럼 세상의 기준과는 조금 다른
나만의 특징은 무엇일까요?
그것으로 나는 어떻게 행복을 만들어 갈까요?

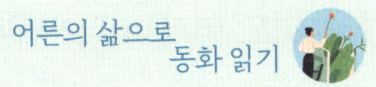

어른의 삶으로
동화 읽기

『해방자 신데렐라』 리베카 솔닛 글, 아서 래컴 그림, 홍한별 옮김, 반비

　누더기를 입던 소녀가 왕자의 신붓감이 되어가는 과정이 우리가 알고 있는 '신데렐라'의 줄거리입니다. 그러나 리베카 솔닛은 '여성의 신분 상승'을 그린 기존의 스토리를 비틀어 이야기를 다시 썼습니다.

　이야기 속 마법 요정은 '모두가 자유롭고 가장 자기다운 모습이 될 수 있도록 돕는 것이 진짜 마법이다.'라고 말합니다. 신데렐라와 왕자, 새언니들의 색다른 인생이 각자가 소망하는 대로 펼쳐지는데 우리는 그 속에서 자유로움을 느끼게 됩니다.

　유리구두 대신 장화를 신고, 케이크를 만드는 신데렐라를 보면서 나를 가두는 틀에서 '해방'되는 것은 마법도 왕자의 도움도 아닌, 나의 소망과 선택이라는 점을 깨닫게 됩니다.

엄마가 되어

힘들어도 언제나 다시 만나야 할 아들이라는 세계

『우리는 언제나 다시 만나』
윤여림 글, 안녕달 그림
위즈덤하우스

사춘기 아들을 대하는 게 왜 이렇게 어려운지 모르겠다. 단지 성별이 다른 것만이 이유는 아닌 것 같지만 아들이라는 세계는 내가 이해하기에 너무 힘든 세계다. 친가와 외가 양쪽 모두에게서 첫 손주라 온갖 관심과 사랑을 받던 아이, 나를 엄마로 불리게 해준 내 첫 아이는 이제 콧수염이 거뭇한 청년이 되어가고 있다. 작고 귀여운 내 소중한 엄마바라기 꼬마였는데 언제부터 이렇게 서로가 서로를 견디기 힘들어하는 순간이 많아지게 된 걸까.

정작 아이는 태평인데, 나는 공부와 너무 거리가 멀어진 아들 걱정에 신경질적이고 불안한 마음을 자꾸 내비친다. 시험 기간이 다가오면 남편과 나는 번갈아 아이에게 공부 방법을 이야기해주고 대화를 시도하지만, 아이는 전혀 받아들이지 않으며 고집을 부렸다. 부모 말이라면 막무가내로 듣지 않는 아이 때문에 결국엔 말싸움과 윽박, 강요와 협박으로 끝나기 일쑤다. 주기적으로 이런 날들이 반복되고 있으니 미칠 노릇이다. 청소년기에 관한 부모 양육서에는 서로가 감정적으로 단절되는 '건너지 말아야 할 강'까지는 절대 건너면 안 된다고 조언하지만, 사랑하는 만큼 아이가 잘되기를 바라는 부모의 마음은 모진 말을 해서라도 아이가 정신을 차렸으면 하는 욕심을 놓기가 어렵다.

마음이 지옥이 되어 힘들 때면 아이의 어릴 적 사진들을 뒤적여 한참을 들여다본다. 똘망하고 귀엽고 맑은 얼굴은 사랑스러움 그 자체다. 아주 어릴 때부터 문자에 관심이 많았고 책을 좋아했던 아이, 뭔가 쓰고 끼적이면서 한참을 몰입해서 놀던 아이여서 나를 행복하게 했다. 그래서 아이에게 매일 책을 읽어주는 즐거움으로 살았던 그 시간이 사무치게 그립다. 함께 자연 관찰 책을 보면 초식공룡을 잡아먹는 육식 공룡에 분노하고, 옛이야기를 읽으면 청개구리 엄마가 죽는 장면에 눈물 흘리던 아이의 모습에 감탄했던 날들이 떠오른다.

아이와 멀어져서 더 심각한 지경이 되기 전에 뭔가 끈은 붙들고 있어야 할 것 같았다. 그래서 나름 고민한 방법을 들이밀었다. 그림책『우리는 언제나 다시 만나』를 아이에게 건네며 읽고서 엄마에게 간단한 감상평을 보내면 용돈을 주겠다고 했다. 예전에는 책 읽는 것으로 보상을 제시하는 방법을 정말 싫어했었는데 이제는 가릴 게 없다. 뭐라도 읽기만 한다면, 그래서 아이와 조금이라도 뭔가 대화를 이어가고 함께 공유할 수 있는 연결고리를 만들 수만 있다면 보상도 기꺼이 제공하리라.

『우리는 언제나 다시 만나』는 어릴 때는 엄마와 잠시도 떨어져 있지 못했던 아이가 자라면서 점점 홀로서기를 하고, 엄마와 오래 떨어져 있다가도 다시 만날 수 있음을 알게 되는 성장 과정을 감동적으로 보여주는 그림책이다. 그림책이고 분량이 짧아서인지 아들이 흔쾌히 읽어보겠다고 했다.

아이가 카톡으로 보내 준 감상은 이러하다.
"이 책은 평소 엄마에게 품은 악감정을 해소시켜주는 책이었다. 엄마는 위대하고 내 평생의 든든한 후원자다. 그 누구의 앞에서도 유일하게 내 편을 들어줄 수 있는 사람이자 나의 선생님이다. 평소에 엄마와 거리가 있고 사이가 안 좋았는데 이 책이 화해시켜주었다. 평생의 은혜를 보답하고자 최선을 다해서 어릴 때처럼 공부에 노력을 쏟고자 한다. 인정받고 칭찬받을 수 있도록 노력하고 엄마의 기분을 기쁘게 만들어드려야겠다고 생각한다."

누가 봐도 접대성 멘트인게 분명한 말들이었다. 그리고 '악감정'이라는 단어와 '사이가 좋지 않았다'는 말에 먼저 부정적인 감정이 요동쳤다. 알고 있는 사실이었지만 글자로 다시 확인하게 되니 속상했다. 그럼에도 불구하고 '진짜 공부를 할까? 그래 주기만 한다면 바랄 게 없겠는데…'라는 생각과 '말뿐이라도 공부를 해야겠다는 생각은 하고 있어서 다행이다.'라는 복잡한 안도감이 동시에 들었다.

또 한편으로는 아들이 어릴 때처럼 칭찬받고 싶어 하고, 자신에게 자주 감탄을 표현하던 어른들의 관심과 지지를 여전히 원한다는 것을 알게 되니 마음이 찡했다. 내 아이의 특성을 존중해야 한다는 당위와 그렇게 대할 수 없게 만드는 불만족스러운 아이의 태도 사이에서 갈등을 겪은 시간이 그동안 너무 길었다는 생각이 들었다.

'아이는 노력하고 애쓰기 위해서 태어난 게 아니라 태어났으니 그냥 사는 거'라고 했던 서천석 소아정신과 의사의 말에 충격을 받았던 기억이 났다.
'또 잊고 있었구나. 나는 정말 무조건 아이 편이었던가. 과연 아이가 무슨 일이 있을 때 가장 먼저 엄마를 떠올리며 찾을 것인가?'라는 물음 앞에 부끄럽게도 나는 자신이 없다. 아마도 엄마가 좋아할 만한 글을 '지어서' 보냈을 아이의 글에서 '화해'라는 단어에 그래도 조금이나마 희망을 걸고 힘내고 싶다.

내 몸속에 열 달을 품고 피와 살을 붙여 생명으로 낳아 길렀지만 나와는 너무도 다른 세계에서 온 것 같은 존재가 자식이 아닐까. 내 기대와 많이 다른 아이의 모습을 마주하는 일은 매번 힘들다. 자식이라는 세계, 특히 아들이라는 세계를 나는 평생 이해하지 못할지도 모르겠다. 다만 엄마니까 눈 감는 날까지 흔들리고 애태우고 고민하며 아이에게서 자유롭지 못할 것을 이제는 잘 안다.
힘들어도 언제나 다시 만나야 할 아들이라는 세계, 우리는 서로의 세계를 온전히 이해하지는 못하겠지만 그래도 한 몸으로 살았던 사이니까 어떻게든 잘 지내보려고 노력해야 하지 않을까. 이렇게 그림책을 건네고 찰나의

엄마가 되어

화해를 경험하는 것부터 시작해서 마음으로 더 깊게 만나는 순간까지 계속 교집합을 넓혀갈 필요가 있다.

그렇게 너와 나의 세계가 좀 더 자주, 더 행복하게 만날 수 있기를 소망한다. 우리는 언제나 다시 만날 사이니까.

● 김진향

『우리는 언제나 다시 만나』가 어른의 삶에 던지는 질문

언제나 다시 만나게 되는 나의 가족은
나를 통해 어떤 세계를 만나고 있을까요?

어른의 삶으로 동화 읽기

『엄마 몰래 탈출하기』 김명수 외 6명 글, 박정인 그림, 창비

굵직한 아동문학 작가 7명이 내어놓은 9편의 단편 동화가 수록되어 있습니다. 아홉 편의 이야기는 모두 가족과 부모님의 사랑을 진하게 느낄 수 있는 이야기들입니다. 김옥의 「순이 고모」에서는 가난 때문에 딸을 해외 입양 보낸 할머니의 아픔이, 김일광의 「아버지의 바다」에는 평생을 바다에서 살아온 아버지의 애환이 슬픈 음악처럼 흐릅니다. 또 아버지의 폭력으로부터 탈출하는 어머니와 아이를 다룬 김중미의 「희망」, 학업 스트레스에 지친 아이들 사이에서 몰래 퍼져 가는 게임 괴담을 절묘하게 풀어 놓은 「엄마 몰래 탈출하기」 등이 있습니다.

아프고 슬픈 사연 속에 녹록하지 않은 우리네 삶을 볼 수 있으며 작품을 읽는 동안 내내 부모와 자식의 관계에 대해 많은 생각을 하게 됩니다.

다양함이 조화를 이루기까지

『일곱 마리 눈먼 생쥐』
에드 영 글·그림, 최순희 옮김
시공주니어

비 갠 하늘에 무지개가 떴다. 청아한 하늘에 수 놓인 일곱 색깔 무지개. 모처럼의 진풍경에 아이들과 한참 창밖 풍경을 바라보았다. 자연이 만들어낸 다양한 색깔이며 같은 것은 단 하나도 없는 다채로움이 곧 아름다움이라는 것을 나이가 들어가면서 더 확실하게 그리고 자주 느끼는 듯하다. 휴대폰을 꺼내 무지개 사진을 찍고 커피 한 모금과 함께 그 아름다움을 느끼는 것도 잠깐이다. 아웅다웅 서로 자기가 옳다며 다투고 있는 우리 집 두 꼬마를 보고 있자니 '다양함이란 곧 다툼이구나'하는 찰나의 깨달음이 아름다움을 '쨍그랑' 금 가게 한다.

'음, 딱 보니 오늘은 둘째가 원인 제공이네.' 나의 빠른 판단과 우격다짐으로 둘 사이의 결론 없는 다툼을 누르고 자리를 뜨지만 둘의 표정은 후반전을 예고하고 있다.

표지가 무지개의 알록달록함을 떠오르게 하는 그림책 『일곱 마리 눈먼 생쥐』는 권위 있는 상을 타기도 했지만, 내용상으로도 아이들과 꼭 한 번 같이 읽어보면 좋은 책이다. 일곱 마리라고 했는데 정작 표지에 등장하는 것은 여섯 마리의 모습이다. 그럼 한 마리는? 그 남다른 흰 생쥐는 뒤표지에 나와 있다. 모두 같은 생쥐처럼 보이지만 페이지를 넘길 때마다 바뀌는 그들의 몸 색깔처럼 모두 같은 것을 보고도 다른 생각을 한다. 생쥐들은 번갈아 가며 쉬지 않고 이야기를 하지만 이미 연못가에서 무언가를 접하고 돌아온 쥐와 그렇지 않은 쥐는 멀찍이 떨어져 다른 무리를 이루고 있다. 연못가에 다녀온 쥐들은 자신이 알고 있는 것 외에 새로운 시각에는 관심이 없다. 들으려고 하지 않는다. 어디선가 많이 보던 모습이다. 씁쓸하다. 단 한 마리 흰 생쥐만이 모든 생쥐의 이야기를 다 듣고 연못에 있던 그것의 정체를 밝혀낸다.

씁쓸함에 입꼬리가 실쭉거리는데 책의 마지막에 나온 이 한 줄 문장에 생각이 머문다.

'부분만 알고서도 아는 척 할 수는 있지만 참된 지혜는 전체를 보는 데서 나온다.'

같은 글이나 그림책을 보더라도 언제, 어떤 상황에서 보느냐에 따라 가슴에 와닿는 부분이 다르다. 그런데 지금은 엄마 독자인 나에게 이 책이 자꾸만 물어온다.

"아이들이 왜 다툰 건지 각자의 이야기는 잘 들어줬나요? 설마 대충 보고 전체를 다 아는 척 한 건 아니죠?"

어쩌 그림책은 내게 던지는 질문마다 참으로 마음을 콕콕 찌른다. 질문 중에 가장 대답하기 어렵고 매서운 질문은 역시 스스로에게 하는 질문이다. 육아에 흔들릴 때면 다양한 육아서와 육아 전문 국민 멘토 오박사님의 프로그램에도 매달려본다. 하지만 그것 역시 다른 집 아이들의 상황을 보여주는 '부분'에 지나지 않으니 결국 내 안에서 해답을 찾는 과정이 필요하다. 그런데 그게 참 꼬불꼬불 미로 같다. 과연 나는 그 미로 속에서 길을 잃지 않고 '무사통과'를 외칠 수 있는 걸까?

언젠가 제주 여행에서 거울로 만들어 놓은 미로 터널 안에 들어가 본 적이 있다. 평소 종이에 그려진 미로를 찾아갈 때와는 완전히 다른 느낌으로, 그것은 거의 공포에 가까웠다. 내가 어디쯤 와 있는지도 전혀 알 수 없었고, (놀이공원이니 그럴 일은 없겠지만) 심지어 여기서 영영 못 나가는 것은 아닌가란 생각에 폐쇄공포와 같은 갑갑증이 몰려왔다. 육아로 인한 어려움도 이랬다. 답답하고 두려웠다. 장님 코끼리 만지기식 육아도 마찬가지다. 그 순간에 매몰돼버리면 무엇이 옳은지 알 수도 없고, 쉬 지쳐버리고, 육아 효능감도 곤두박질친다.

이제 초등학교 1학년과 4학년, 3년 차이 남매의 매일 반복되는 투쟁의 역사도 분명 머지않아 끝날 것을 알고는 있다. 벌써 장가가서 아이가 둘이나 있다는 것이 믿기지 않는 나의 남동생과 나도 딱 3살 차이였으니까. 우리도 한때 징하게 싸웠었다. 엄마한테 혼도 많이 났지만 멈출 수가 없었다. 어렸던 남동생이 점차 힘이 붙고 키가 커지면서 마구 밀고 올라올 때가 제일 위기였다. 아무도 모르겠지만 부엌에 있는 칼을 들고 그 위험에서 나를 지키고 동생도 위협해야겠다고 생각할 만큼 (다행히 실행에 옮기지는 않았다) 그 당시 나의 스트레스가 컸던 것 같다. 엄마에겐 막내를 보는 어쩔 수 없는 하트뿅뿅의 눈빛이 있었고 첫째인 나는 그걸 본능 레이다로 감지하고도 모른척해야 했다. 그래도 엄마는 나를 더 사랑할 거라고 속으로는 믿으며 차마 입 밖으로 물어보지도 못했다. 때론 대답을 듣지 않을 때 더 안심되는 순간도 있으니까. 마음이 여린 딸아이가 지금 느끼는 불만과 짜증 그리고 하소연이 그맘때 나의 마음과 닮았을 거라는 생각이 들며 고개가 끄덕여진다. 딸아이에게도 지금의 순간들이 영원처럼 느껴질 것이다.

오늘도 아웅다웅 우리 집 아이들의 다툼은 시작되었다. 순간 달려가 모든 문제를 부지불식간에 해결하고 싶지만 잠시 심호흡을 해본다. 그림책의 흰 생쥐처럼 아이들 스스로 다양한 이야기를 듣고, 듣고, 듣다 보면 가장 지혜로운 결론을 찾으리라 믿어본다. 하지만 나는? 아이들의 그 수많은 이야기를 듣고, 듣고, 또 듣다 보면 흰 생쥐처럼 흰 머리카락만 생길지도… 쩝…

● 이은경

『일곱 마리 눈먼 생쥐』가 어른의 삶에 던지는 질문

부분이 아니라 전체를 볼 줄 아는 어른이 되기 위해
갖추어야 할 덕목은 무엇일까요?

어른의 삶으로
동화 읽기

『엄마를 팝니다』 카레 산토스 글, 안드레스 게레로 그림, 김유진 옮김, 베틀북

　아이의 눈으로 엄마를 관찰하고 평가하며 엄마와 아이의 소통의 문제를 유쾌하게 풀어갑니다.
　오스카는 엄마가 얼굴도 예쁘고 요리도 잘하지만 늘 간섭하고 자기보다 갓 태어난 어린 동생을 훨씬 더 사랑한다고 생각합니다. 상처받은 오스카는 친구 줄리의 도움으로 인터넷 경매 사이트에 엄마를 파는 광고를 올립니다. 오스카는 광고를 보고 찾아온 어린이 고객들을 만나면서 엄마의 평범한 모습 속에서 예전에는 보이지 않았던 특별한 점들을 발견하게 됩니다.
　어른은 아이의 눈으로 세상을 바라볼 수 있게 하고, 아이는 부모님의 감추어진 소중함을 찾게 해주는 소중한 이야기입니다.

아름다운 이별에 관하여

『코딱지 할아버지』
신순재 글, 이명애 그림
책읽는곰

내 아들은 경주 김가 장손의 하나뿐인 아들이다. 아들의 아버지의 아버지, 즉 할아버지가 아래 일곱 명의 남동생들을 두었으니 대가족이다. 명절이나 집안 행사가 있으면 할아버지의 동생 가족들까지 다 모여들어 우리 집은 늘 사람들이 북적북적 마치 재미있는 볼거리가 있는 행사장 같았다. 버스 한 대가 다 찰 정도로 많은 인원이 우리 집에 모였으니, 가족 모임이라도 어지간한 바깥 행사 못지않았다. 그 많은 가족 사이에서도 내 아들은 늘 주목받는 장손이었다. 사랑을 듬뿍 받으니 좋기도 했지만, 오히려 많은 관심과 기대에 부담이 될 수도 있겠다 싶어 마음이 무겁기도 했다.

그러나 세월도 가고 사람도 가고, 이름을 지어주신 증조할아버지부터 가까이에서 늘 알뜰히 챙겨주시던 작은 할아버지까지 모두 떠나시고 나니, 이제는 직교자상 두 개 정도에 모두 앉을 수 있을 만큼의 식구밖에 남지 않왔다. 이쯤 되고 보니 외며느리로 친척들 맞이하는 준비로 힘들었던 시간을 기억하기보다는 허전한 마음이 앞섰다. 아이도 허전하긴 마찬가지일 것이라는 생각이 들었다. 어른들이 한 분 한 분 돌아가실 때마다 이가 하나씩 빠져나가는 느낌이 들었을지도 모른다.

나는 그렇게 사랑받던 아이가 죽음을 마주하면 상실감에 큰 충격을 받으리라 생각하고 아이를 보호하려는 마음으로 어른들의 죽음에 대해 외면하곤 했다. 충분히 애도하고 이별에 대해 이야기 나누고 설명해주지 못했다. 지금 생각하면 그 때문에 아이가 온전한 이별을 경험하지 못하고 슬픔을 겪어내는 방법을 배우지 못했을지도 모른다는 생각이 든다.

『코딱지 할아버지』에는 멋진 할아버지가 나온다. 할아버지는 코딱지 멀리 튕기기의 검은 띠라고 한다. 손자 민이에게 코딱지를 잘 튕겨내는 기술도 전수해 주고, 이 기술을 서로 비밀처럼 간직하기도 한다. 둘만의 비밀을 갖는 것은 감정을 소통하며 만들어 가는 친밀감, 연대감을 더욱 돈독하게 해 준다. 그리고 숨겨진 보석처럼 아름다운 삶이 되고 향기가 있는 이야기가 되기도 한다.

이 이야기는 아이가 사랑하는 사람의 죽음과 마주했을 때 어떻게 작별해야 하는지도 아이의 눈높이에 맞춰 잘 알려준다. 할아버지는 병원에 누워서 마지막을 바라보면서도 아이에게 죽음에 대해 정확하고도 진실한 대답을 해준다. 이런 대답을 들을 때 아이는 더 편안함을 느낄 수 있을 것이다.

궁금한 것에 대해 질문할 수 있으니 막연한 두려움과 걱정도 줄어들 것이다.
　할아버지는 민이의 빠진 이빨 이야기를 하며 죽음에 대해서 담담히 설명한다.

"민아, 네가 좋아하는 이가 새 이를 남겨뒀다고 했지?"
"응, 쏙 빼닮은 새 이빨."
"할아버지도 너를 남겨 두는 거야."
"내가 할아버지 새 이빨이야?"
"그래……"
"맞아, 나는 할아버지를 쏙 빼닮았어. 코딱지 파는 것도."

　『코딱지 할아버지』에서 가장 가슴 뭉클한 장면이다. 이별과 상실을 나누고 받아들이는 것이 쉽지 않은 일인데, 이 그림책은 사랑하는 이와의 죽음을 담담하고 진실하게 알려준다. 죽음으로 인해 모든 것이 끝나는 것이 아니라 세대를 이어 자신의 존귀함을 알게 하고 삶의 소중함을 느끼게 해 주는 것이 바로 죽음이라고 말해준다. 그리하여 죽음이 슬픔만이 아니라 세상에 대해 믿음을 주고 살아가는 힘을 실어 주기도 하는 것이라는 지혜를 준다.

　요즘에는 삶이 행복해지는 죽음의 이해, 웰 다잉 등, 죽음에 관한 교육도 생애 주기에 꼭 필요한, 중요한 교육이 되었다고 한다. 지금이라도 아들

엄마가 되어

과 죽음에 관해 이야기를 나눠 보고 싶다. 죽음을 무겁게 받아들이지 않게, 죽음을 생의 일부로 건강하게 받아들일 수 있도록 돕고 싶다. 쉽진 않겠지만 소중한 사람들이 세상을 떠난 그 날부터 지금까지의 이야기를 함께 나누면서 말이다. 아들이 떠난 분들과 함께했던 추억과 비밀 이야기까지도 들을 수 있다면 참 따듯하겠다.

● 정수정

『코딱지 할아버지』가 어른의 삶에 던지는 질문

부모님에 대한 나의 기억은
나의 삶의 어떤 영향을 미치나요?

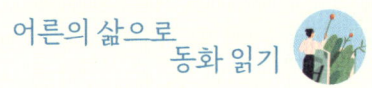

어른의 삶으로
동화 읽기

『모두 웃는 장례식』 홍민정 글, 오윤화 그림, 별숲

    사람은 모두 언젠가는 죽게 됩니다. 죽음은 이별을 뜻하기에 남은 사람들이 떠난 사람을 보내는 장례식은 눈물 흘리는 사람들이 가득한 장면을 떠올리게 됩니다. 그런데 이 책은 제목부터 반전입니다. 모두 웃는 장례식이라니.
    암에 걸려 곧 죽음을 맞게 될 할머니는 자신이 죽고 난 후 찾아오는 사람들이 무슨 소용이 있냐며 살아있을 때 얼굴 한 번 더 보고 같이 밥을 먹는 장례식을 미리 하고 싶다고 하십니다. 할머니의 뜻에 따라 생전 장례식을 치르는 사람들은 모두 웃고 울며 마음을 나눕니다.
    살아있는 할머니와 잔치처럼 치르는 생전 장례식을 통해 죽음과 아름다운 이별에 대해 다시 한번 생각해보게 합니다.

나의 사랑,
나의 가족

"저는 나중에 뭐가 될까요?"
"뭐가 되든, 대단한 개가 될 거야."
"정말요? 확실해요?"
"그럼, 당연하지. 백 퍼센트 확실해!"

『대단한 무엇』
(다비드 카리 글, 미젤 탕코 그림, 문학동네) 중에서

엄마도 엄마가 필요할 때

『세 엄마 이야기』
신혜원 글그림,
사계절

　가끔 냉장고를 정리하다 보면 화들짝 놀랄 때가 있다. 구석으로 밀려있다가 먹어야 할 때를 놓쳐 썩어버렸거나 곰팡이가 낀 음식을 무심코 발견하는 때다. 그러면 혹시 또 내가 알지 못하고 방치된 음식물들이 어딘가에 더 흉측한 모습으로 있을까 봐 냉장고 속을 샅샅이 살피게 된다.
　뭐가 들어있는지 알 수 없는 봉지를 보면 섣불리 속을 열어보기가 두려워 먼저 슬쩍 촉감으로 느껴본다. 물컹거리는 느낌이면 오래 방치된 채소일 가능성이 커서 더럭 겁이 난다. 특히 검은 비닐봉지에 넣어둔 것들은 조심해야 한다. 무턱대고 열어봤다가 곰팡이 가루가 풀풀 날리는 걸 들이마시게 될 수도 있기 때문이다. 덤으로 딸려오는 악취와 충격적인 비주얼에 무방비로 습격당한 적이 여러 번 있기에 신중에 신중을 기해야 한다.
　콩류나 말린 채소는 수분이 별로 없어 보관 기간이 길어 그나마 다행이다. 하지만 대체 언제 넣어 둔 건지, 냉장고에서 얼마만큼의 시간을 보낸 건지 기억이 안 날 때는 참으로 난감하다. 살림을 즐기지 않는 나의 무관심과 무심함이 만들어낸 수많은 음식 쓰레기를 생각하면 그 먹거리가 내게 오기까지 수고했을 모든 이들에게 미안한 마음이 든다.

지난 여름 김치냉장고 속 내용물들을 정리하다가 검정 비닐에 담긴 노란 메주콩과 검은콩을 발견했다. 언제부터 거기에 있었을까. 나는 대체 저걸 언제 넣어놨던 걸까 기억을 더듬는다. 시골에서 작은 아버님이 직접 키워서 보내 주신 콩이라 버리지도 못하고 그렇다고 어떻게 해 먹지도 못해서 계속 넣어두었을 것이다. 검은콩은 밥할 때 조금씩 넣어 먹으면 되겠는데 메주콩은 어떻게 해야 할지 몰라서 친정엄마께 전화를 걸었다.

엄마는 메주콩을 물에 불리고 삶은 후 갈아서 콩 국물을 해 먹으라고 하셨다. 알려주신 대로 시간을 들여 불리고, 삶고, 갈아, 콩물을 만들었다. 손수 만든 콩물로 만들어 먹은 콩국수는 정성과 품이 들어가서인지 여태껏 먹어본 콩국수 중 단연 최고였다. 콩물은 그동안 사다 먹기만 했었는데 이렇게 직접 만들어 먹으니 정말 고소하고 맛있었다. 두 아이의 엄마가 되었지만 여전히 서툰 나는 가끔 엄마의 도움이 절실할 때가 있다. 내 눈에는 모든 게 능숙해 보이는 엄마시만 문득 궁금해지기도 한다. 우리 엄마도 외할머니의 도움이 필요한 순간들을 통과해왔겠지?

콩과 엄마, 그리고 도움. 이 단어들의 조합이 그림책 『세 엄마 이야기』를 떠오르게 했다. 책의 내용은 이렇다. 어느 날 넓은 밭이 딸린 작은 시골집으로 이사를 하게 된 아이 엄마는 콩가루가 묻은 인절미를 해 먹고 싶다는 생각이 들어 밭에 콩을 심기로 한다. 그러나 처음 시도하는 일이라 서툴다.

콩을 얼마 심지도 못했는데 힘에 부쳐 주저앉고 만다. 결국, 엄마에게 도움을 청하며 외친다.

"엄마, 도와줘!"

엄마의 엄마가 달려와 호미와 삽으로 밭을 갈고 콩 심을 준비를 한다. 그래도 시간이 너무 많이 걸린다. 그러자 엄마의 엄마도 소리친다.

"엄마, 도와줘!"

엄마의 엄마의 엄마가 달려와 콩 심을 구멍을 파고 구멍마다 콩 세 알을 넣고 흙으로 덮었다. 아이 엄마는 날마다 자라는 콩을 보며 행복한 상상을 한다. 주렁주렁 콩꼬투리가 달릴 모습을 기대하면서.

엄마들의 도움은 콩을 심는 데서 끝나지 않는다. 콩 주변에 무성해진 잡초를 뽑을 때도, 수확해서 콩꼬투리를 깔 때도, 말린 콩을 털 때도, 때마다 엄마의 엄마의 엄마와 엄마의 엄마가 한달음에 달려온다.

그리고 드디어 콩을 수확했다. 맛있는 콩가루를 내서 인절미를 만들 만큼의 콩과 구수한 두부를 만들 만큼의 콩을 남겨 두고 나머지는 메주를 만든다. 대단한 일을 끝낸 세 엄마와 아이까지 모녀 4대가 다정하게 뒤엉켜 곤히 잠든 모습으로 그림책이 끝난다. 그 모습에 따뜻함과 뭉클함이 밀려온다.

외할머니가 정정하셨을 때 우리 네 모녀가 함께했던 순간이 떠올라 코끝이 찌르르했다. 지금은 연로하셔서 요양원에 계시지만 외할머니는 남매를 키우느라 힘들어하던 엄마를 도와주셨고, 엄마는 내가 힘들었을 때 내 딸을 돌보며 도와주셨다. 유년 시절 시골 외가에서 보내던 여름방학들이 내 기억 속에 생생하게 남아있듯이, 내 딸아이가 외가에서 사랑을 독차지하며 보낸 시간들도 분명 무의식과 오감으로 저장되어 있을 것이다.

어느덧 세월이 흘러 내가 나이를 먹은 만큼 엄마와 외할머니는 많이 늙으셨고 딸아이는 훌쩍 자랐다. 한쪽은 사그라들고 한쪽은 피어나는 쪽으로 서로의 시간이 교차하며 흐른다. 지금의 외할머니는 엄마의 도움이 필요하게 되었고, 나도 점점 엄마를 돕게 될 것이며, 언젠가는 딸에게 "딸, 엄마 좀 도와줘!"라고 외쳐야 할지도 모른다. 그러나 아직은 엄마에게 도움을 구하며 어리숙해 보이는 딸로, 서툰 엄마로 지내는 시간을 좀 더 오래 누리고 싶다. 아무리 나이를 먹더라도 엄마에게 기대고 싶은 건 대부분 비슷한 바람이 아닐까. 나의 엄마와 온전한 끈을 붙들고 오래오래 함께하고 싶은 마음.

엄마의 조언과 도움을 받을 수 있을 때 계속 충분히 누려야지. 엄마한테 더 물어볼 건 없는지, 부탁할 건 없는지 부지런히 찾아봐야겠다. 그리고 엄마가 내 도움이 필요할 순간이 왔을 때는 내게 기댈 수 있게 뭐든 척척 해내는 능숙한 딸일 수 있도록 열심히 준비하고 있어야겠다.

● 김진향

『세 엄마 이야기』가 어른의 삶에 던지는 질문

나의 엄마는 나에게 어떤 엄마였나요?
나는 나의 아이에게 어떤 엄마인가요?

어른의 삶으로 동화 읽기

『엄마의 마흔 번째 생일』 최나미 글, 정문주 그림, 사계절

　치매에 걸린 할머니 때문에 엄마와 아빠는 자주 싸웁니다. 엄마는 그림을 그리러 다니고, 방과 후 미술 교사로 아이들을 가르치면서 집에 머무는 시간이 줄어듭니다. 마흔 살 엄마에게 무슨 일이 일어난 걸까요? 가영이는 엄마의 변화가 낯설고 속상한 마음을 외할머니에게 털어놓습니다. 그리고 외할머니에게서 엄마의 꿈과 속마음을 듣게 됩니다. 가영이는 사춘기 딸들과 치매 걸린 시어머니, 가부장적인 남편 사이에서 힘든 엄마의 마음을 이해하게 되었을까요?

　아무리 사회가 달라졌다고 하지만 여전히 가족을 위해 희생하는 사람은 엄마여야 한다는 인식이 강합니다. 엄마도 며느리, 아내, 엄마 역할이 버거우면 도움이 필요하고 하고 싶은 일을 하면서 살 수 있도록 가족의 배려가 필요합니다. 가족이라는 자리에서 엄마의 위치에 관해 다시 생각해보게 하는 이야기입니다.

기억

『옥춘당』
고정순 글·그림,
길벗 어린이

나는 커다란 능금나무가 마당에 심어진, 옥상이 있는 이층집에서 태어났다. 여덟 식구가 복작대며 살았는데 부모님이 바쁘셔서 할아버지, 할머니와 보내는 시간이 많았다. 그림책 속 김순임 씨처럼 우리 할아버지도 '휴지 아껴 써라.', '전등불 끄고 다녀라.' 잔소리를 많이 하셨다. 고자동 씨가 만화 주제가를 부르는 장면을 보니 돌아가신 할머니의 모습도 떠올랐다. 할머니는 안방에 나란히 누워있는 나에게 '진성 난 놀랐었네.', '섬마을 선생님'과 같은 노래를 완벽하게 전수해 주셨다. 덕분에 나는 사람들 앞에서 성인가요를 쭉쭉 뽑아낼 수 있었고, 중학교 장기자랑 시간에도 나훈아의 '잡초'를 열창할 수 있었다.

『옥춘당』속 여름날의 나른한 장면을 보니 그 집이 생각난다. 투박한 텔레비전, 그 위에 놓인 못난이 삼 형제 인형, 촌스러운 달력, 날개가 파란 선

풍기. 내 어릴 적 안방 모습 그대로다. 우리도 옹기종기 모여 앉아 '쩍!' 소리 나게 갈라지던 수박을 자주 먹었다. 손톱 위에 얹은 봉숭아 꽃잎이 빠질까 봐 쉽게 잠들지 못하던 기억도, '전설의 고향'을 보며 침을 꼴깍 삼키던 우리들의 모습도 떠오른다. 재래식 화장실에 들어가는 언니를 손전등으로 비추며 '빨간 휴지 줄까, 파란 휴지 줄까.' 장난치던 어린 시절, 해마다 빨갛게 열리는 능금 열매 따 먹는 것을 좋아하면서도 나무에서 떨어지는 송충이에는 기겁하던 나의 유년 시절의 풍경은 그렇게 정겨웠다.

따스한 옛 추억을 떠올리게 한 『옥춘당』은 고자동 씨가 폐암 선고를 받아 세상을 떠나게 되면서, 내게 또 다른 기억 속 감정을 불러일으켰다. 그것은 남겨진 사람이 겪는 상실감이었다. 나도 함께 살던 사람이 곁을 떠난 충격보다 일상에서 서서히 느껴지는 외로움이 훨씬 더 슬프다는 것을 안다. 우리 할아버지가 돌아가셨을 때도 그랬다. 중환자실로 옮겨지시던 날, 안방 문틈 사이로 두 분을 보았다. 할머니가 애틋한 얼굴로 할아버지의 두 뺨을 어루만지고 계셨다. 정신이 점점 혼미해지던 할아버지의 얼굴, 할머니의 슬픈 눈, 방 안을 채우던 적막함이 기억난다. 그날 이후 할아버지는 중환자실에서 임종을 맞이하셨고 할머니는 참 많이 우셨다. 그 슬픔은 몇 년간 이어졌는데 지금도 잊히지 않는 것 중의 하나가 사진첩을 꺼내어 보시는 할머니의 모습이었다. 사진을 고이고이 쓸어내리며 눈물 흘리시던 할머니는 그대로 '외로움'이었다.

어릴 때였지만 이런 순간들은 내 기억에 깊이 자리 잡게 되었다. 지금도 그때를 떠올리면, 눈앞에서 보는 것처럼 선명하다. 교복 입은 내가 안방 문 앞에 서 있는 것 같은 기분이다.

몇 년 전 '인터스텔라'라는 영화를 인상 깊게 보았다. 주인공 아빠가 블랙홀의 5차원 공간에 들어가는 장면이 나오는데 그의 눈앞에 그토록 가고 싶었던 과거의 그날이 펼쳐진다. 주인공이 과거 속 자신과 어린 딸에게 하고 싶은 말이 얼마나 간절했던지, 애타게 불러보지만 그들은 들을 수가 없다. 나는 과거와 현재가 맞닿아있는 그 장면을 매우 감동적으로 보았다. 그때 과거와 현재, 미래의 시간이 순차적으로 일어나는 게 아니라 이 순간에 함께 존재한다고 생각했었다.

남편이 메신저로 동영상 하나를 보내 주었다. 세 아이가 2층 침대 위에서 발레복을 입고 춤을 추던 6년 전의 영상이다. 당차게 노래를 부르며 율동을 주도하던 큰아이와 어설픈 몸짓이지만 열심히 따라 하던 동생들의 모습이 얼마나 사랑스럽던지. 영상 속으로 들어가 아이들을 끌어안고 싶었다. 팔을 벌리고 이름을 부르면 와다다 날려와 내 품속에 쏙 안길 게 분명한, 그러나 만질 수 없는 아이들.

동영상을 보며 6년 전 그날을 만났듯, 책을 읽으며 나의 유년 시절로 순간이동을 하고, '김순임' 할머니처럼 순식간에 늙어 버릴 것 같기도 했다. 아니, 시공간을 초월한 그곳에서 노인이 된 내가 현재의 나를 지켜보는 것 같기도 했다. 내가 늙어 홀로 남겨진다면 어떤 모습일까? 그리고 영화에서와 같이 신비한 공간에서 과거를 들여다볼 수 있다면 나는 어떤 순간을 간절하게 바라보게 될까.

부디 사랑스럽고 푸근한 마음으로 지금을 기억하기를 바란다. 그러기 위해 충분히 후회 없는 삶을 살고 있는가 생각해본다. 지금 내 옆에서 잠들어 있는 남편과 아이들이 새삼 너무나 소중해진다. 다시는 오지 않을 이 시간을 온기로 가득 채우고 싶다. 미래의 내가 지금을 아쉬워하지 않을 만큼!

● 김혜경

『옥춘당』이 어른의 삶에 던지는 질문

지나간 삶의 가장 아름다운 시절과 만날 수 있다면
여러분은 어떤 순간으로 떠나고 싶은가요?

어른의 삶으로 동화 읽기

『순례 주택』 유은실, 비룡소

쫄딱 망하게 된 수림이네 식구가 돌아가신 외할아버지의 여자 친구인 순례 할머니의 연립주택에 세 들어 살게 되며 벌어지는 일들이 유쾌하게 펼쳐집니다. 할아버지의 살아생전, 오직 할아버지에게만 기대어 살던 철딱서니 없는 부모님과 수림이의 언니는 고마움도 모르고 눈살을 찌푸리게 하는 행동을 일삼습니다.

수림이는 순례씨의 품에서 자랐습니다. 육아에 지친 딸을 위해 할아버지가 부탁한 것이지요. 그래서 수림이는 이런 상황이 난처하기만 합니다. 보다 못한 수림이와 김순례 할머니, 그리고 조금은 특별한 순례 주택 입주자들이 유쾌한 작전으로 수림이네 식구들을 조금씩 변화시킵니다. 이야기를 읽다 보면 인생을 어떻게 살아가야 하는지, 진정한 어른의 모습은 어떠해야 하는지 생각하게 되며 '순례씨'처럼 멋지게 나이 들고 싶어지는 동화같이 순수한 소설입니다.

대단한 가족의 대단한 응원

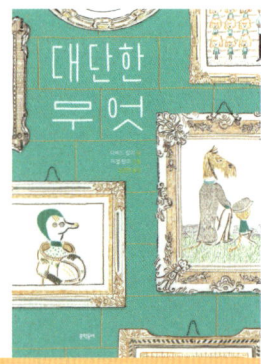

『대단한 무엇』
다비드 칼리 글, 미겔 탕코 그림
김경연 옮김
문학동네

　아빠와 아이가 한쪽 벽을 가득 채운 가족사진들을 보고 있다. 아빠는 아이에게 사진 속 가족의 이야기를 들려준다. 앙구스 삼촌은 어떤 냄새든 단박에 알아차리는 대단한 코를 가진 경찰의 자랑이었다. 도리스 고모는 문제가 생기면 다른 소방관들이 고모의 이름부터 부르는 용감한 소방관이었다. 티보 삼촌은 언제나 혼자 맨 앞에서 달리는 달리기 챔피언이었다. 아빠의 가족 이야기에는 자랑스러움과 그들을 향한 사랑과 신뢰가 가득 담겨있다.

　하지만 반으로 접혀있는 책장을 펼치면 반전이 숨어 있다. 아빠의 자랑스러운 가족들의 실체는 엉뚱한 실수를 하면서 평범한 모습으로 사람들 사이에 서 있다. 경찰의 자랑이라던 앙구스 삼촌은 바로 뒤에서 도둑들이 여기저기서 물건을 훔치고 있는데도 전혀 알지 못한 채 순찰 중이다. 다른 소방관들이 도리스 고모의 이름을 부르는 이유는 소방호스를 밟고 있는 고모의 어이없는 실수 때문이다. 티보 삼촌이 마라톤에서 맨 앞에 달리고 있는 이유는 혼자만 반대 방향으로 달렸기 때문이다.

책장 한 장만 펼쳐보면 보이는 가족들의 반전 실체를 보며 책을 보고 있는 우리는 웃고 있지만, 그림책 속 아빠는 계속해서 가슴을 쫙 펴고 진지하게 대단한 가족 이야기를 아이에게 들려주고 있다.

대단하다는 것은 무엇일까? 이 그림책의 반전들이 밝혀질 때마다 아빠의 착각을 보며 웃었지만, 아빠의 가족 소개를 계속 듣고 있자면 대단하다는 것은 그렇게 어려운 일만은 아닌 것 같다. 최초로 달에 다녀왔다거나, 대단한 발명품으로 인류 발전에 이바지했다거나 나라를 위해 목숨을 바쳤다는 등 위인전에 나올 법하고 모든 사람이 존경하고 칭찬하는 모습만이 대단한 것은 아닌 것 같다. 가족을 생각하는 그림책 속 아빠의 모습처럼 한 사람이라도 내가 가지고 있는 '대단한 무엇'을 찾아 내어 나를 자랑스럽게 생각한다면 나는 '대단한 무엇'을 가진 사람이 되는 것이 아닐까? 어느 누구도 보는 사람에게 대단할 수는 없으니까.

『대단한 무엇』에는 또 다른 반전이 숨어 있다. 거실 가득 걸려 있는 이 가족의 사진들을 찬찬히 보면 모두 다른 견종이라는 것을 알 수 있다. 모두 다 다르지만 한 가족이 된 정말 대단한 가족이다. 가장 큰 반전은 사진 속 가족을 소개하고 있는 아빠는 개이고 아빠의 이야기를 듣고 있는 아들은 고양이라는 것이다! 정말 정말 대단한 가족이다.

이 그림책에서 이야기하는 '대단한 무엇' 뒤에는 가족을 향한 무한한 응원과 따뜻한 시선이 있다. 이런 마음으로 나를 바라봐 주는 사람이 있다면 정말 든든할 것이다.

　그림책을 보고 내 가족의 '평범하지만 시선을 다르게 하면 대단해 보이는 점'은 무엇이 있을까 유심히 찾다보니 가족을 바라보는 나의 눈길이 더 다정해지는 것을 느꼈다. 그림책 속 아빠의 가족을 바라보는 따뜻한 마음과 시선을 배운다.

● 김혜련

『대단한 무엇』이 어른의 삶에 던지는 질문

평범해보이는 우리 가족의
'대단한 무엇'은 무엇일까요?

어른의 삶으로 동화 읽기

『완벽한 가족』 로드리고 무뇨스 아비아 글, 오윤화 그림, 남진희 옮김, 다림

　물리학자 아빠, 잡지 기자 엄마, 모든 분야에서 1등만 하는 누나들까지. 너무도 완벽해서 서로가 불편해진 가족. 이런 가족들에게 답답함을 느낀 알렉스는 가족들의 결점을 찾아보기로 합니다. 알고 보니 허점투성이인 가족들의 모습을 보며 가장 가까운 사람인 가족에게까지 어려움을 말하지 못했던 알렉스 가족의 모습이 안쓰럽게 느껴집니다. 완벽보다 완벽하지 않음의 행복을 알게 되는 알렉스, 독자 역시 그 행복을 깨닫게 됩니다.

　아이들에게 완벽함을 원하는 어른들. 하지만 서로의 결점을 이해하고 보듬어 주면서 가족도 이 사회도 견고해진다는 것, 진정한 완벽함이란 실수와 잘못을 감싸주고 도와주면서 서로의 부족함을 채우는 것이라는 메시지가 완벽함을 위한 과한 노력을 부끄럽게 만드는 이야기입니다.

마이볼! 제가 잡았어요. 아빠!

『마이볼』
유준재 글·그림
문학동네

그림책 『마이볼』 속 아버지가 바쁜 일을 마치고 퇴근하는 모습은 나의 아빠를 떠오르게 했다. 2남 3녀 중 장남으로 태어났지만, 집이 가난해서 굶는 일이 많았고, 그 배고픔이 진저리날 만큼 싫었다던 우리 아빠. 하도 고생을 해서 나중에 어른이 되면 내 가족만큼은 잘 먹여 살리겠노라 다짐했다고 한다. 책 속의 아버지는 주말에라도 있었지만, 우리 아빠는 음식점을 하셨기 때문에 명절을 제외하고는 쉬는 날이 없었다. 그러고 보니 초등학생 시절 가족여행을 갔던 것도 딱 한 번뿐이었다. 그것도 우리끼리 오붓한 시간을 가진 게 아니라 할아버지, 할머니, 작은 아빠네 식구까지 모두 다 같이.

그림책 속 아버지가 앞마당에서 함께 야구를 하고 바쁜 시간을 쪼개어 야구장까지 데려가는 모습을 보니 내 마음도 덩달아 차오른다. 아들 이름이 새겨진 글러브를 선물하며 '그래 맞아. 이제부터 이거 네 거야.'하는 눈빛으로 환히 웃는 아버지, 어린 아들을 무릎에 앉혀 글러브에 바셀린 로션 바르는 법을 알려주는 다정한 어른의 모습을 상상해본다.

"아빠가 아주 높이 던질 테니까 한번 잡아봐. 잡을 수 있겠으면 '마이볼' 하고 크게 외쳐. 내가 잡겠다는 뜻이니까."

이 말은 아이의 기억 속에 얼마나 정답게 자리하고 있을까.

내게도 아빠에 대한 이런 소소한 추억이 있었다. 하지만 마음 속에 가장 크게 자리 잡은 우리 둘 사이의 모습은 같이 무언가를 하면서 즐거워하는, 그런 것과는 조금 다르다. 중학생이던 때, 학교에서 돌아와 보니 편지가 책상 서랍 속에 놓여있었다. 파란 볼펜으로 정갈하게 써 내려간 편지. 그때 아빠가 꽤 힘든 일을 겪고 계셨던 거로 기억하는데 어렸기 때문에 구체적인 사정까지는 모르겠고, 편지 내용도 잊혀졌다. 그런데 분명히 기억하는 말이 있다.

"너무 힘들어서 눈물이 나는구나." 그리고,

"사랑 한다."

아빠는 내 친구들이 '오야붕 같이 생겼다'라고 말할 정도로 덩치가 좋은, 상남자 스타일이었다. 강인한 성격에 카리스마가 있어 주변 어른들도 어려워하였다. 그런 아빠가 우셨다. 가끔 술을 드시고 집에 돌아오면 할아버지, 할머니, 가족 모두를 깨워서 노래를 부르기도 하고, 사랑한다며 머리를 숙이고 흐느끼기도 하셨다. 오만상을 찌푸리며 아빠의 양말을 벗기긴 했어도 나는 그런 모습이 싫지 않았다. 가족을 향한 연민일 수도 있겠지만 '어른의 삶은 슬프고 고단하구나.' 이렇게 느꼈던 것 같다. 그리고 그런 내게 아빠의 편지는 아버지라는 자리, 어른의 무게에 대해 새롭게 인식하는 계기가 되었다.

책방을 하다 보니, 가끔 진상 손님이나 무례한 이웃을 상대할 때가 있다. 그럴 때마다 식당 일을 하던 부모님은 얼마나 힘든 일들을 겪으셨을까, 얼마나 참으셨을까, 그들을 어떻게 상대하셨을까 생각하게 된다. 가족들 챙기느라 밖에서는 갑옷을 입은 듯 씩씩하게 해내던 아빠도 연약해질 때가 왜 없었겠나. '사랑한다'라고 말하는 아빠가 얼마나 사랑받고 위로받고 싶었을지, 술기운을 빌려 가족에게 그 여린 마음을 고백하는 심정이 어땠을지, 내가 그 나이가 되니 이제는 조금 알 것 같다. 편지를 책상 서랍에 넣어 주었던 아빠의 나이, 가족을 책임져야 할 나이.

지금 아빠는 일흔이 넘으셨고 여러 번의 암 수술로 몸도 쇠약해지셨다. 그런데도 아픈 몸을 일으켜 작년에 우리 집에 울타리를 만들어주고 가셨다. 남편은 나중에 장인어른이 안 계실 때, 이 울타리를 보면 눈물이 날 것 같다고 얘기한다. 그 이야기를 들으며 생각했다.
'맞아. 우리 아빠, 든든한 울타리였지.'
아빠는 내 자식들 속상하게 만드는 사람이 있으면 폭탄 들고 쳐들어갈 거라고 자주 말씀하셨다. 어릴 때는 '똑같은 레퍼토리'라며 농담으로 여겼지만, 지금은 그게 아빠의 진심이고 우리를 향한 사랑이라는 것을 안다.

나의 사랑, 나의 가족

그림책을 읽으며 문득 '우리 아빠는 어떤 공을 던지셨나!' 생각하게 되었다. 따뜻한 추억을 많이 만들어주신 것은 아니지만 최선을 다해 가족을 지키셨다. 그것이 아빠가 던져올린 공이다. 치열한 일상에서도 우리를 위해 매일 성실하게 쏘아 올린 공.

책상 서랍 속에 들어있었던 그 날의 편지에 이제 답장을 드린다.
"마이볼! 제가 잡았어요, 아빠!"

● 김혜경

『마이볼』이 어른의 삶에 던지는 질문

나에게 딱 맞는, 마이볼을 던져 준
나의 가족은 누구인가요?

어른의 삶으로
동화 읽기

『아빠는 아홉 살』 장영현 글, 이로우 그림, 북멘토

　아홉 살 예은이네 아빠는 영화감독이고, 영상을 만드느라 매우 바쁩니다. 그런데 가끔, 괴물처럼 갑자기 소리를 꽥 지르곤 합니다. 병원에서는 아빠가 ADHD라는 병을 가지고 있다고 합니다. 예은이는 아빠가 나쁜 게 아니라 아픈 거라는 것을 알게 되고 아빠를 이해하는 방법을 하나둘 찾게 되지요.

　가족은 서로에게 힘을 주고 위로할 수 있는 존재. 아홉 살 예은이도 어른인 아빠를 위로할 수 있는 존재입니다. 서로에 대한 진심만 있으면 나이는 중요하지 않으니까요.

　서로를 이해하고 깊은 사랑을 나누어가는 예은이 가족의 모습을 보며 가족이 지닌 힘과 위대함을 느낄 수 있습니다.

다시 카약을 탈 수 있을까?

『노란 카약』
니나 레이든 글
멜리사 카스트리욘 그림
이상희 옮김
소원나무

친구와 카약을 타고 바다로 모험을 떠나 이런저런 일을 겪는 이야기를 담은 『노란 카약』이라는 그림책을 함께 읽었다. 시 그림책이라 글도 많지 않고 단순한 내용이지만 마지막 문장의 울림이 크다.

'이제 남은 것은 멋진 바다 모험 이야기.'

두 친구는 앞으로 얼마나 오랫동안 그 모험에 관해 이야기할까. 모험은 이야기를 남긴다. 강도가 세고 감정의 폭이 넓은 모험이라면 특히 강렬한 이야기를 남길 것이다.

그림책 모임을 하다 보면 같은 책을 읽고도 떠올리는 경험이 다들 달라서 이야기를 나누고 나면 참 재미있다. 나에게도 잊을 수 없는 모험 이야기가 있다. 그것도 절대 잊지 못할 사건!

2017년 사이판으로 가족여행을 갔을 때 겪은 일이다. 리조트 앞 해변에는 카약을 대여해주는 곳이 있었다. 덕분에 우리 가족은 처음으로 카약을 탔다. 기본 교육을 받은 첫날은 그리 멀리 가지 않았고 가까운 곳에서 왔다 갔다만 하는 정도여서 쉽게 적응할 수 있었다. 2인용 카약이라 남편과 딸이 같이 타고, 아들과 내가 같이 탄 채로 즐거운 시간을 보냈다. 가이드는 물이 얕아 보여도 숙소에서 멀어질수록 수심이 점점 깊어진다고 설명했다. 그리고 부표 너머로는 산호지역이라 급격히 깊어져 몹시 위험하니 절대 멀리 가지 말라는 주의도 주었다.

우리는 다음 날에도 카약을 타러 갔다. 한 번 타봤다고 전날보다는 좀 더 멀리 노를 저어가면서 한참을 즐기고 있었는데 갑자기 날씨가 흐려지더니 비바람이 불기 시작했다. 스콜이 워낙 잦은 곳이니 곧 괜찮아지겠지 생각하고 아들과 둘이 계속 노를 저어 앞으로 나갔다. 그런데 기후 상황이 점점 나빠졌고 남편은 불안했는지 방향을 틀어서 숙소 쪽으로 돌아가고 있었다. 아들과 나도 슬슬 뒤따라가야겠다고 생각하면서 배의 방향을 돌리려는데 어라, 배가 돌려지지 않았다. 아들은 허둥대기만 했고 내가 아무리 힘을 주어 노를 저어도 카약의 방향이 바뀌지 않았다. 점점 더 거세지는 비바람 때문에 앞은 잘 안 보이고 서서히 모든 것이 내 통제력을 벗어나며 무력감이 들기 시작했다. 급기야 바람이 우리 카약을 완전히 비스듬하게 밀어내면서 계속 해안가에서 멀어지게 하더니 부표를 향해 돌진하는 위험한 상황이 되었다.

나는 정말 무서웠다. 저 멀리 보이는 가이드는 호루라기를 불면서 온몸으로 돌아오라는 제스처를 보이며 난리였고, 그걸 본 아들은 겁에 질려서

"엄마아~!! 나 죽기 싫어~ 죽기 싫다고~" 절규하면서 울었다. 말로는 괜찮다고 걱정하지 말라고 아이를 달랬지만 눈에서는 눈물이 줄줄 흘렀고 목구멍 안쪽에서는 공포감이 밀고 올라왔다. 뭔가 방법을 취하고 싶은데 마음대로 되지 않으니 순간 '아, 사람이 이렇게 죽는 거구나. 휴가왔다가 아들과 물에 빠져 죽는 비극을 겪는구나.' 하는 절망감에 완전히 사로잡혔다.

익사할지도 모른다는 생각이 드니 너무 무서웠고 아이가 같이 있으니 마음이 더 혼란스러웠다. 이렇게 손 놓고 있다가 죽으면 너무 억울해서 저승에서도 아이에게 미안할 것 같았다. 어떻게든 숙소 쪽으로 카약의 방향을 돌릴 궁리를 해보았다.

'구명조끼를 입었으니 내려서 수영하면서 카약을 밀어볼까? 내가 카약에 매달려 발장구를 치면서 밀면 아이가 노를 저어 방향을 틀 수 있으려나?' 별의별 생각을 다 했다. 미친 듯이 머릿속을 휘젓는 생각들로 정신이 아득해졌다.

어느덧 부표는 코앞이고 더 이상 지체할 수 없었다. 이래죽으나 저래죽으나 같다는 생각이 드니 카약에서 내려 어떻게든 해보자고 결심했다. 그 와중에도 언뜻 든 생각이 무작정 뛰어내리기 전에 물의 깊이가 어느 정도인지 가늠은 해봐야겠다는 거였다. 물아래로 노를 찔러 넣어보면 수심의 느낌이 좀 전해지지 않을까. 그래서 오른팔로 노를 단단히 세워 잡고, 있는 힘껏 물속으로 찔러 넣었다.

"아!"

그런데… 그런데 말이다. 노가 어딘가 닿는다. 이게 뭐지? 큰 돌 때문일지도 모른다 싶어서 다시 조금 옆으로 비켜 간 위치에 다시 노를 세게 밀어

넣었다. 그런데 이번에도 바닥 어딘가에 노의 끝이 닿는 게 느껴졌다.

아들을 살릴 수 있겠다! 아니 이제 우리 둘 다 살았구나!! 그런 안도감이 들자, 과감하게 카약에서 뛰어 내렸다. 두 발이 바닥에 닿았다. 그랬더니 어이없게도 물의 높이는 내 허리보다 조금 더 높은 정도였다. 부표를 기점으로 완전히 깊어진다는 것이었지 그전까지는 물이 얕아서 작은 배인 카약을 탈 수 있는 곳이라는 걸 그제야 온몸으로 깨달았다. 그때부터 나는 마치 슈퍼우먼처럼 있는 힘껏 두 팔로 카약을 반대로 돌려 앞으로 쭉쭉 밀고 나갔다. 곧 비바람도 조금씩 잦아들기 시작했다.

엄마가 카약을 미는 모습을 보고 아이도 안심했는지 진정이 되었다. 눈물범벅이 된 아들 얼굴을 보니 얼마나 놀랐을까 안쓰러웠다. 조금 전까지 생사를 오가던 절박함과 공포감은 순식간에 사라졌고 다시 삶의 기회를 얻었다는 감사함이 넘쳤다. 무사히 해안가에 도착해 아이를 힘껏 껴안았다. 네 식구가 비로소 서로 마주 보고 웃을 수 있었다.

그 순간 알았다. 이 경험이 살면서 한 번씩은 나를 붙들어 줄 것이며, 이 모험이 내게 남긴 이야기는 평생 잊혀지지 않을 것임을. 이별은 언제든 나와 내 가족, 누구나에게 일어날 수 있는 일이니 더 많이 표현하며 힘껏 사랑하며 살겠노라 다짐했다. 기쁨도 행복도 마음껏 누리며 덤으로 얻은 인생을 온전히 느끼며 살자는 이 마음을 절대 잊지 말자고 말이다.

'물이 깊어야 큰 배가 뜬다.'

좋아하는 구절이라 자주 보고 새기려고 페이스북 대문에 써 놓은 글이다. 얄팍한 사람, 얕은 사람보다 마음의 깊이, 생각의 깊이가 있는 사람이 되어야 한다는 말을 물의 깊이에 빗대어 표현한 문장의 울림이 탁월해서 좋았다. 그러나 실제로 깊은 바다는 아름다움보다 두려움이 더 큰 대상이다. 큰 배가 아닌 작은 배로 깊은 바다를 함부로 떠다니면 안 된다는 것을 몸소 체험해본 후 확실히 느껴봐서 안다.

그런데 여행을 못 간지 너무 오래되었고 격한 사춘기를 맞은 두 아이로 인해 냉랭해진 우리 가족에게 그때의 간절했던 마음이 어느새 사라진 것 같다. 또 한 번의 강렬한 모험이 필요한 게 아닐까 고민되는 요즘이다. 과연 우리는 다시 카약을 탈 수 있을까?

● 김진향

『노란 카약』이 어른의 삶에 던지는 질문

가족의 소중함을 느꼈던
잊지 못할 추억은 어떤 것이 있나요?

어른의 삶으로 동화 읽기

『작은 무민 가족과 큰 홍수』 토베 얀손 글, 이유진 옮김, 작가정신

1945년에 발표된 『작은 무민 가족과 큰 홍수』는 토베 얀손의 '무민 시리즈'를 알리는 서막이라 할 수 있습니다. 해티패티와 훌쩍 떠나 버린 무민파파를 찾는 과정을 그린 무민마마와 무민의 원정 이야기이며, 무민 가족이 무민골짜기에 정착하게 되기까지 과정을 담고 있습니다.

무민 시리즈는 흔히 북유럽 신화에 등장하는 요정인 '트롤'의 모험과 판타지를 그린 이야기로 이해되고 있지만 단순한 요정이야기를 넘어 가족의 소중함과 애틋한 사랑을 느낄 수 있는 따뜻한 동화입니다. 무민 가족이 무민파파를 찾아가는 모험 속에서 겪는 일들은 휘몰아치는 고난도 가족만 있다면 이겨낼 수 있다는 용기를 줍니다.

동상이몽 '토토'

「달려 토토」
조은영 글·그림
보림

'토토' 이 두 음절의 단어를 들으면 어떤 생각이 들까?

정신분석학자 융(Jung)은 자극 단어를 통해 즉각적으로 마음에 떠오르는 단어가 무의식을 나타낸다고 했으니 지금 든 그 생각이 나의 무의식에 대한 힌트일지도 모른다. 글을 쓰는 지금은 가족이 모두 잠든 새벽이라 아쉽게도 이 투사기법을 당장 써볼 수는 없다. 슬쩍 예상해보자면 우선 밤에 자기 전에 휴대전화 앱으로 이야기를 즐겨 듣는 아이들은 오디오북의 앱 이름인 '토토의 이야기 나라'를 연상하지 않을까 싶다. 그리고 남편은 '토토 복권' 정도가 아닐는지… 그럼 나는? 음… 시네마 천국의 주인공이 토토였다는데 생각이 미친다. 예상해보니 가족들의 반응이 진짜 더 궁금해진다.

하지만 나에게 '토토'는 이제 이 그림책을 떠올리는 단어가 될 것 같다.

바로 조은영 작가의 『달려 토토』이다. 책의 앞면과 뒷면에 걸쳐서 아주 커다란 검은색의 말이 있고 제목의 TOTO부분의 O 안쪽에 흰색 점이 찍혀 있는데, 이게 토토의 커다란 눈의 하얀 눈동자 같아서 토토를 덩치 크고 어리숙한 말로 보이게 한다.

주인공 소녀는 말 인형 토토를 제일 좋아하지만 실제로 말을 본 적은 없다. 그래서 말을 볼 수 있다는 할아버지의 얘기에 잔뜩 기대하고 경마장에 따라나선다. 이 책에는 소녀의 눈에 비친 경마장의 말들이 참 다양한 색감과 기법으로 실감 나게 표현되어 있다. 어떤 말은 멋지지만, 또 어떤 말들은 우스꽝스럽다. 또 경주가 시작된 장면에서는 괴물 같은 형상으로 튀어 나가고 있는 말의 모습들이 예사롭지 않다.

소녀가 보는 말들은 사람처럼 표정을 가지고 있다. 고개를 흔들어대는 말, 옆 말의 엉덩이 냄새를 맡는 말, 어딘가 멍해 보이는 말 등 소녀는 자신의 인형 토토를 보듯 말 한 마리 한 마리에 관심을 주며 표정을 읽는다. 하지만 정작 경마장의 사람들은 말을 쓰다듬거나 당근을 주지 않았다. 소녀가 응원하던 토토를 닮은 말이 1등을 했지만, 사람들은 화를 내거나 슬퍼한다. 그림책 속 소녀의 어두운 표정을 보고 있자니 소녀를 경마장에 데려간 할아버지에게 부탁이라도 하고 싶어진다.

"할아버지, 손녀는 경마장에 데려가지 마세요"

하지만 다음 주에도 또 그 다음 주에도 소녀와 할아버지는 각각의 이유와 기대를 가지고 경마장에 간다.

소녀가 본 경마장의 모습이 낯설게 다가오지 않아 기억을 더듬어보니

나 역시 경마장에 가본 경험이 있었다. 벌써 10년도 훨씬 지난 신랑과의 데이트. 그때 왜 우리는 경마장 가는 길을 택했던 것일까? 그저 어디든 그냥 같이 있으면 좋았던 것일지도 모른다. 몇 번 말이 우승 확률이 높고 배당금이 얼마였는지 따위는 기억에 없다. 경마장에 무슨 일간지 같은 소식지가 많이 꽂혀 있었고, 말과 기수에 대한 정보가 빼곡히 적혀있던 그 종이를 아주 진지한 표정으로 보던 사람들이 기억에 남아있다.

작가는 이 그림책을 통해 가끔은 외면하기도 하는 우리의 일상을 아이의 시각에 맞춰서 담담하게 표현하고 싶었단다. 우리가 함께 있던 장소는 경마장에서 집으로 바뀌고 이제 아이도 생겼다. 같은 공간에 있는 우리는 모두 같은 생각과 기대를 품고 이곳에 있는 걸까? 가끔 가는 서점 나들이만 봐도 동상이몽이다. 딸은 서점 안의 문구 코너에 먼저 가서 다이어리 꾸미기용 스티커나 슬라임, 수첩 등을 만지작거리며 친구 생일 선물을 찾고, 아들은 퍼즐이나 장난감 코너로 가서 이걸 어떻게 집으로 모시고 갈까 궁리하며 장난감 한 번, 내 눈 한 번을 왔다 갔다 쳐다본다. 나는 문제집 코너에서 신학기용 문제집이 뭐가 진열되어 있는지를 보고 있고, 남편은 무얼해도 상관없으니 빨리 이 곳을 떠나자는 표정이다.

이렇게 다양한 욕구와 기대를 가진 사람들이 모여 있는 곳이 가정이다 보니 사실 속이 늘 평안하기란 쉽지 않다. 때로는 요리를 하며 보글보글 끓고 있는 국물을 보면서 지금 흐르는 내 안의 눈물을 이 속에 넣으면 소금이 따로 필요가 없겠다 싶은 생각이 드는 날도 있고 또 밥을 안 먹어도 배부를 만큼 기분 좋은 포만감을 느끼는 날도 있다. 만일 '부부 문제 만병통치약', '청소년 자녀를 순한 양으로 만들어주는 주문' 등이 있다면 이거야말로 노벨평화상을 받아 마땅하지 않을까. 인류의 이 해묵은 고민에 대한 답은 나 역시 알 길이 없다. 이런저런 생각이 들자 손녀의 손을 잡고 경마장에 갔던 할아버지에 대한 야속함이 누그러든다. 그래도 할아버지는 손녀가 말을 좋아하고, 보고 싶어 한다는 마음은 이미 알고 있었다.

잠에서 깬 눈을 비비고 있는 가족들에게 슬쩍 다가가 물어본다.
"토토라는 말을 들으면 어떤 생각이 나?"
다행이다. 아이들은 예상 답변 통과! 근데 남편 말이 그림책에서 본 현실적인 경주마들의 처절한 표정을 떠올리게 한다.
"응, 토 나와"
헛, 융(JUNG) 아저씨! 이건 어떻게 해석해야 되나요?

● 이은경

『달려 토토』가 어른의 삶에 던지는 질문

의견 차이로, 시각 차이로
나의 가족과 동상이몽인 문제는 무엇인가요?

어른의 삶으로
동화 읽기

『바나나 가족』 임지형 글, 이주미 그림, 스푼북

"이 바나나, 꼭 가족들이 모여 사는 것 같지 않아?
그래서 누가 떼어가면 떨어지기 싫어, 안 돼, 가지 마! 하는 것 같아."

규민이의 가족은 규민이와 엄마는 미국에, 아빠는 한국에 떨어져 사는 기러기 가족입니다. 그리고 규민이는 몇 년간 떨어져 지낸 아빠와의 사이에서 혼란스러운 마음을 느끼게 되지요. 미국으로 온 아빠가 불편하고 어색하기만 합니다.

어색함을 간직한 채 떠나게 된 가족여행. 따로따로 떨어져 꼭지 부분이 시들시들해져 버린 바나나 같은 규민이 가족의 진정한 가족이 되기 위한 노력이 뿌듯하고도 눈물겹습니다.

소년 중앙과 보물섬

『막대기 아빠』
줄리아 도널드슨 글
악셀 셰플러 그림
노은정 옮김
비룡소

2021년 말 코로나로 거리두기가 시행되는 와중이라 아버지의 고희연은 가족끼리 조촐하게 치르기로 하였다. 소규모지만 의미 있게 보내고 싶어 작은 장소를 대관하고 식사 전 야외 공원에서 가족사진도 찍었다. 그리고 무엇보다 어르신들의 생신 파티에는 감사 동영상이 하이라이트이므로 꼭 만들어 놓고 싶었기에 몇 주전 친정을 방문하여 예전 앨범을 들추며 사진들을 확보해 놓았다. 요즘 같은 디지털시대에는 특별한 이유가 있어야 사진을 인화하거나 포토북으로 만들지만, 앨범을 만들 당시만 해도 필름 카메라였기 때문에 NG라고 부를법한 망친 사진들도 무조건 인화를 해서 넣어둔 것이 많았다. 그러니 쓸만한 사진을 골라야 하는 일은 꽤나 시간이 걸리는 작업이었다. 갑작스럽게 앨범을 꺼내 사진을 구경하는 나의 곁에 아버지가 다가오시며 슬그머니 사진에 대한 설명도 덧붙여주신 덕분에 사진 고르기가 즐겁게 마무리될 수 있었다.

집에 돌아와 동영상을 제작하며 까까머리에 교복을 단정히 입고 모범생 티가 쪼르르 흐르는 중학생인 아버지부터 새신랑인 아버지 그리고 두 아이의 아버지로 살아가시는 아버지를 보다 보니 문득 떠오르는 그림책이 있다. 바로 『막대기 아빠』이다.

보금자리 나무에는 막대기 아빠와 알뜰살뜰한 엄마 그리고 올망졸망한 아이들이 살고 있다. 어느 날 막대기 아빠는 아침 운동을 하러 나갔다가 개에게 쫓기게 된다. 집으로 돌아오지 못한 막대기 아빠는 이후 아이들의 장난감이 되고, 깃발을 다는 막대기로도 쓰였다가 심지어는 땔감이 될 위기에도 처한다. 그러면서 절규한다. "아, 가족들이 있는 보금자리 나무로 돌아가고 싶어! 나는 나무토막이 아니거든! 난 막대기 아빠라고!!!" 자신을 '막대기 아빠'라고 칭하며 온갖 험한 일을 겪으면서도 부러지지 않고 스스로를 지켜 내는 모습은 그를 가볍고 작은 나뭇가지가 아닌 세상에 하나뿐인 '아빠'라는 아우라를 느끼게 한다. 땔감이 될 위기에 처한 줄도 모르고 단잠에 빠진 막대기 아빠의 꿈에는 보고 싶은 가족이 나온다. 가족과 함께 보내는 행복한 안내. 그 꿈에서 막대기 아빠와 가족들은 눈싸움을 하며 활짝 웃고 있다. 부모의 마음이란 이런 것일까? 세상 밖에서 겪었던 별의별 일들은 아랑곳하지 않고 집안으로 걸어 들어온 순간 아이의 행복을 짊어진 '부모'가 된다.

아버지와 함께 고른 사진 속에서 유모차 안에 있던 볼 빨간 내가 어느새 부모의 역할을 하고 있다. 아이를 키우면서 불현듯 떠오르는 순간들이 있다. 내 안의 어디엔가 묻혀 있다가 두더지 게임의 두더지같이 순간순간 고개를 내미는 기억들. 딸아이의 초등학교 책가방을 고를 때도 그랬다. 30년도 훨씬 전 엄마와 함께 골랐던 내 첫 책가방이 떠올랐다. 아빠는 가로로 긴 직사각형 모양의 빨간색 쓰리세븐 책가방 겉면에 굵은 매직으로 내 이름도 써주셨다. 딸아이의 가방 이름표에 내가 쓸 수 있는 가장 예쁜 글씨로 이름을 적어주며 돌고 돌아 내게 온 오래전 당신의 마음을 만난다.

아빠의 월급날인 17일이면 가족들이 함께 외식했던 남문의 코끼리 만두. 그곳에서 먹는 노란 단무지는 짭짤하니 참 맛있었다. 그리고 초등생 나에게 아빠의 월급날이면 외식과 함께 또 하나의 즐거움이 있었으니 그건 바로 '소년 중앙'과 '보물섬'이었다. 예쁜 아역 스타가 컬러판 표지를 장식한 소년 중앙은 갖가지 재미난 소식들을 물어다 주는 또 하나의 세계였다. 때로는 거기에 나온 엽서를 찢어 이벤트에 응모도 하고 집에 놀러 온 친구에게 자랑삼아 보여줬던 기억도 난다. 반면 텁텁한 갱지에 주로 만화가 들어가 있던 '보물섬'은 나에겐 '아기공룡둘리' 정도만 골라봤던 그저 그런 책이었다. 아마 그것은 어린 동생에게도 뭔가 쥐여 줘야 했기에 선택되었던 것이 아니겠냐는 생각이 아이 둘을 키우는 지금에서야 든다.

그런 달달한 기억에 입맛을 다시며 그림책 속 막대기 아빠의 단꿈을 나도 맛본다. 산전수전을 다 겪으며 마침내 가족을 다시 만난 막대기 아빠의 머리에 난 잎사귀는 어느새 푸릇푸릇함을 잃고 곧 낙엽으로 떨어질 갈색 이파리로 변했다. 늘 곁에 있다고 생각하며 부모님의 나이테는 잘 살펴보지 못했는데 어느새 나의 엄마·아빠도 머리카락 히끗히끗한 할아버지·할머니가 되어 계시다.

동영상의 썸네일을 무엇으로 할까 고민하다가 다정한 아빠의 팔이 내 어깨를 감싸며 나란히 분수대에 앉아있는 사진으로 골랐다. 내 아이들의 추억 속에 나는 어떤 모습으로 남게 될까? 아빠와 나의 시간이 분수대에 앉아있던 그때로 순간 재생된 것처럼 오늘 하루도 언젠가는 사진 속 추억의 한 장면으로, 동영상으로, 남을 수 있겠지? 내 삶의 단막극에 등장하는 가족이라는 주인공들과 맘껏 이 순간을 보내고 싶다.

레디~~~!! 액션!!

● 이은경

『막대기 아빠』가 어른의 삶에 던지는 질문

분주한 세상살이 중에서도
가족의 소중함을 느낄 때는 언제인가요?

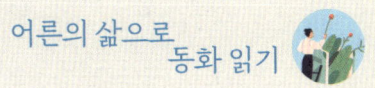

어른의 삶으로
동화 읽기

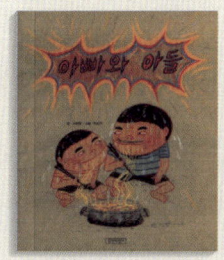

『아빠와 아들』 고대영 글, 한상언 그림, 길벗어린이

　장래 희망이 아빠가 되는 것인 아이. 아빠와 함께 텔레비전을 보고, 라면을 끓여 먹고, 목욕탕에 가고, 뒹굴며 놀았던 소중한 추억을 가진 아이가 어느새 어른이 되어 아빠가 되면 어떤 아빠가 되어있을까요? 소소하고 평범한 일상이 얼마나 소중하고 특별한 것인지를 알고 있는 아빠가 되어 있지 않을까요?

　가족이란 늘 얼굴을 보고 만나는 사이지만 대면대면 대화를 잃은 가족들이 많아지는 세상입니다. 가족들끼리 거리감 없이 대화하고 한데 어울리며 마음을 나누는 경험이 얼마나 인생을 풍요롭게 만드는 것인지 이야기 속 부자를 보면 알 수 있습니다.

　조금은 요란하고 시끌벅적한 아빠와 아들의 모습을 보며 부러움과 질투가 슬그머니 올라오는 것을 느낄 수 있으실 거예요.

나의 사랑, 나의 가족

함께
살아가기

우리의 생각, 마음, 꿈을 실천하는 것이
바로 '핑'이에요.
우리는 다양한 방법으로
이곳저곳에 '핑'을 던지고 있죠.
여러분의 '핑'은 어떤 모습이었나요?

『핑!』(아니 카스티요 글·그림, 달리) 중에서

가는 '핑'이 고와야 오는 '퐁'이 곱다

『핑!』
아니 카스티요 글·그림
박소연 옮김
달리

"아, 오늘 진짜 티키타카 안되네."

지인이랑 카톡을 주고받는데 제대로 뜻이 맞지 않아 마음이 답답해져 보낸 메시지다. 대화나 메시지로 의사전달을 하며 유난히 주거니 받거니가 잘 될 때 '티키타카가 잘 된다.'라는 말을 한다. 티키타카(tiqui-taca)는 스페인어로 탁구공이 왔다 갔다 하는 모습을 뜻하는 말이다. 짧은 패스를 빠르게 주고받는 축구 경기 전술을 말하기도 하는데 요즘은 사람들 사이에 서로 뜻이 잘 맞아 빠르게 주고받는 대화를 의미하기도 한다.

평소에는 말과 뜻이 잘 통해서 위로받곤 하던 상대였는데 이날은 그렇지 못했나 보다. 항상 내 마음같이 좋기만 할 순 없는 거라고 넘겼지만 누군가와 주고받는 말과 감정에 꽤 민감한 편이라 가끔 이런 순간을 맞으면 고민이 되기도 한다. 인간관계는 주고받는 온갖 말과 감정으로 이루어진 복잡한 일이라서 나이를 먹어도 쉽게 적응이 되지 않는 경우가 있다.

　한동안 인간관계로 고민이 많던 차에 여기저기서 많이 추천하기에 읽어 본 그림책이 있다. 제목이 '핑!'이다. 귀엽게 생긴 빨간 우주복을 입은 캐릭터가 나오는데 탁구를 하면서 혼잣말하듯 이야기한다. 탁구공을 치며 '핑'을 하면 상대가 '퐁'을 받는다. 내가 보낸 '핑'을 상대가 다르게 받아 '퐁' 하더라도 그것은 친구의 몫이니 어떤 대답이 돌아올지 모른다고 하는 부분이 마음에 와 닿았다. 살다 보면 내 마음과 같지 않은 일과 사람 투성이지 않은가. 결국 혼자 상처받고 소심해지는 경우가 많아서 깊이 공감했다.

　잘 던져줘야 잘 받을 수 있다. 공만 그런 것이 아니다. 주고받는 말과 태도도 그렇다. 수많은 사람 중 내게 긍정의 '핑'을 보내는 사람도 있고 불편하고 부담스러운 '핑'을 보내는 사람도 있다. 심지어는 공격적이고 악의적인 '핑'을 보내오는 사람도 있다. 그럴 때 나는 너무 당황스럽고 마음이 아파 한참 동안 '퐁'을 하지 못한 채 정지 상태로 힘들어한다. 어떤 반응을 취해야 할지 고민하면서 그 '핑'을 받지 말 걸 그랬나 하는 후회를 하거나, 왜 바로 똑같은 방식으로 '퐁' 하지 못했나 자책하기도 한다.

　그림책은 이렇게 말한다. "'퐁'이 무엇이든 다 의미가 있어요."라고. 이건 '핑'을 보낸 사람 입장에서 한 말이니까 역으로 생각해보면 "'핑'이 무엇이든 그것도 다 의미가 있다."라고 받아들여도 되지 않을까. 상대가 던진 나쁜 '핑'에도 나는 배울 수 있으므로, '모든 순간에는 다 배움이 있다.'는 말을 붙들고 산 지 몇 년이나 되었다. 누군가로 인해 진짜 마음 아픈 일을 겪을 때마다 버티게 해준 문장이다. 그러니 온 마음을 다해 '핑'이나 '퐁'을 했다면 그것으로 충분하다.

잘 맞고 이야기가 척척 통하는 상대를 만나는 일은 큰 축복이다. 그러나 어딜 가든 나랑 안 맞는 사람이 있고 모두가 나를 좋아할 수는 없다는 사실을 염두에 둔다면 마음이 한결 편하다! 나 역시 그러하므로!

사랑하는 것이 '핑'이고, 살아가는 것이 '핑'이므로 나는 사랑하며 살 수 있도록 최선을 다하면 된다. 고운 마음으로 사랑스러운 '핑'을 많이 보내며 살아야겠다고 다짐하게 되는 밤이다. 사는 동안 주고받을 수많은 핑퐁에서 이왕이면 곱고 아름다운 '핑'과 '퐁'의 순간들이 더 많아지기를 소망한다.

● 김진향

『핑!』이 어른의 삶에 던지는 질문

나의 '핑'은 사람들에게
주로 어떤 모습일까요?

어른의 삶으로 동화 읽기

『귀신도 반한 숲속 라면 가게』 이서영 글, 송효정 그림, 크레용하우스

깊은 산속에 할머니 할아버지 귀신이 사는 라면 가게가 있습니다. 할머니 할아버지 귀신은 부부로 살 때처럼 티격태격 아웅다웅하지만, 마음이 따뜻한 귀신입니다. 이분들의 도움으로 복술 씨와 상수 씨, 초호와 티티는 아무 관계가 없는 사람들이었지만 소중한 인연을 맺게 되지요.

따끈하고 맛있는 라면이 추위와 배고픔을 달래주듯 상처받고 버려진 마음도 따듯한 마음을 만나면 금세 용기를 내어 행복해질 수 있답니다. 누군가에게 내미는 온기 가득한 손길은 또 다른 따뜻한 손을 만들기도 한답니다.

다른 사람에게는 관심도 없고, 오직 자기 일에만 몰두하던 차가운 마음도 이 동화를 읽다 보면 조금씩 세상으로 눈을 돌리게 되고 서로 관심을 가지고 소통하는 마음이 얼마나 삶을 풍요롭게 하는지 깨닫게 됩니다.

모두가 다 달라서 더 아름다운 세상

『우리는 최고야!』
토미 드 파올라 글·그림
이순영 옮김
북극곰

"모두가 '예'라고 할 때 아니라고 할 수 있는 친구. 그 친구가 좋다."

2000년대 초에 유행했던 광고 카피다. 같은 양복에 같은 넥타이를 매고 같은 방향을 보며 "예"를 외치는 사람들 속에서 한 사람만 반대 방향으로 서서 "아니요"라고 말한다. 이 광고는 당시 참 신선했었다. 그때만 해도 대세에 반하여 자기의 소신을 밝히는 것은 딴지 거는 사람, 유별난 사람 혹은 눈치 없는 사람으로 눈총을 받았다. 모두가 같은 것을 추구할 때 다름을 보여주는 소신에는 용기가 필요했다. 20년이 지난 지금 이 광고가 다시 나온다면 어떨까? 고리타분한 카피라는 생각에 그리 인상에 남지 않을 것 같다. 다름을 받아들이는 것에 대한 우리의 인식은 긍정적인 방향으로 많이 변한 것으로 보인다. 그런데 정말로 많이 변했을까?

주변을 둘러보자. 우리가 어느 지역에 살든 비슷한 모습을 쉽게 볼 수 있을 것이다. 차도에는 대부분 튀지 않는 비슷한 색의 차들이 다닌다. 어디에서 눈을 돌려도 비슷한 색의 차들을 볼 수 있다. 또 아파트가 모여 있는 곳이면 어디든 주변에 잘 정돈된 공원이 있고 특색 없는 네모난 상가에는 전국 어디에서나 볼 수 있는 프랜차이즈 빵집, 프랜차이즈 카페나 프랜차이즈 학원 등이 있다. 겨울이면 검은색 롱패딩을 입고, 심지어 성형도 유행에 맞춰 비슷한 얼굴로 바꾼다. 성형외과가 많은 강남역 주변에는 비슷한 얼굴을 한 성형미인이 많다고 해서 그들을 '강남 미인'이라 부르기도 한다. 지금 무엇이 유행인지는 사람이 많이 다니는 곳에 가면 금방 알 수 있다. SNS의 피드 몇 개만 봐도 지금 무엇을 해야 다른 사람들과 비슷해지는지 쉽게 알 수 있다. 유행에 따라 그저 비슷한 것을 소비하면서 나만의 취향이라고 착각하기도 한다. 많은 사람들이 튀지 않게 따라가며 주변 사람들과 비슷하게 사는 것에 안정감을 느끼는 것 같다.

예전보다는 나아졌다고는 하나 여전히 우리는 '다름'에 대해 보수적이다. 비슷한 무리 안에 '다른 무엇'이 들어오면 불편하고 불안해한다. 그래서 자신의 불편과 불안을 잠재우기 위해 '다른 것'은 '틀린 것'이라며 배제하거나 튀어나온 곳을 깎아내어 비슷하게 만들고 나서야 다시 안정감을 느낀다.

토미 드파올라의 그림책 『우리는 최고야』에는 친구들과 조금 다른 '우리'라는 아이가 나온다. '우리'는 남자아이다. 하지만 그림책 속 남자애들이 하는 놀이를 좋아하지 않아 친구들은 그를 여자애라고 놀린다. '우리'는 야구나 축구 같은 공놀이는 좋아하지 않는다. 하지만 숲속 산책, 줄넘기, 책읽기, 그림그리기 등 좋아하는 것이 많다.

'우리'는 친구들에게 여자애 같다고 놀림을 당하지만 나약한 아이가 아니다. 오히려 단단한 아이이다. '우리'는 자기가 좋아하는 것이 무엇인지 안다. 주변에 휘둘려 좋아하지도 않는 것들로 시간을 보내지 않는다. 또 본인이 좋아하는 것은 끈기를 갖고 꾸준하게 해낸다.

이런 '우리'의 모습을 보면서 다른 사람들이 만들어 놓은 기준에 맞춰 적당히 비슷하게 산다는 것이 어떤 의미일까 질문하게 된다. 나를 알고, 내 중심을 잘 잡고 살아가는 것이 중요하다는 것을 느낀다. 진부한 말이지만 역시 다르다고 틀린 것은 아니다. 다양함을 받아들이고 서로의 '다름'을 존중할 수 있을 때 우리는 더 행복하고 세상은 더 아름답고 건강해질 것이다.

모두가 '예'라고 말할 때 '아니요'라고 말할 수 있다는 것은 내가 무엇을 원하고, 좋아하는지 잘 알고 있다는 것이다. 주변 눈치를 보지 않고 나를 드러낼 수 있다는 것이다. 그림책 속 '우리'에게서 그런 단단함을 배운다.

● 김혜련

『우리는 최고야!』가 어른의 삶에 던지는 질문

나의 주위에 있는 '다른' 그를 떠올려보세요.
나는 그를 어떻게 대하고 있나요?

함께 살아가기

어른의 삶으로 동화 읽기

『엉뚱이 소피의 못 말리는 패션』 수지 모건스턴 글, 최윤정 옮김, 비룡소

    소피는 옷을 하도 이상하게 입어서 친구들에게 엉뚱이라고 불립니다. 심지어 교장 선생님은 소피의 패션이 아이들이 공부하는 데 방해가 된다고 부모님께 편지까지 보냅니다. 학교로부터 경고성 편지를 받고 소피 부모님은 소피와 함께 심리 치료사에게 가지만, 치료사는 소피의 독특한 창의력을 발견했을 뿐입니다.

    소피의 개성을 이상하게 보았던 친구들도 차츰 소피만의 매력을 알게 되고, 소피를 좋아하게 되고, 따라 하게 됩니다. 그러자 소피는 또 다른 방법으로 자신만의 개성을 보여주지요.

    개성 있는 아이의 창의력과 상상력은 존중되어야 한다는 것을 보여주는 작품입니다. 나다움과 다름을 인정하지 않는 어른들에게 일침을 가합니다.

믿음 덕분에 살 만하다

『나는 당신을 믿어요』
미야니시 타츠야 글·그림
송소영 옮김
달리

미야니시 타츠야의 그림책은 봄날 같다. 어떤 책을 펼쳐도 모두 봄날 아지랑이처럼 마음을 간질인다. 따뜻하기는 얼마나 따뜻한지, 그림책 속 주인공들을 모두 불러 모임을 한다면 아마도 그 모임은 미담 가득, 배려 가득, 미소 가득, 온기가 넘치는, 암튼 믿기지 않을 만큼 착한 모임이 될 것이다. 사실 그 주인공들은 죄다 사람이 아니라 공룡이나 동물들이긴 하지만 '인간적'이라는 표현이 딱 맞는 그런 주인공들이다. 아주 순진하고 착하거나, 용기 있고 씩씩하거나, 뭐든 아끼지 않고 나눌 줄 알거나, 지혜롭고 똑똑한데 배려까지 있다! 너무 인간적이라 인간적이지 않은 인물투성이다.

『나는 당신을 믿어요』의 주인공 리케라 역시 그렇다. 용기 있고 멋지다. 지혜롭고 정 많고 사랑스럽기까지 하다. 멋진 영화의 주인공처럼 카리스마도 철철 넘친다. 그런데 이런 비현실적 친구가 놀랍게도 귀여운 어린 공룡이라니 흥미롭지 않은가!

리케라는 공룡 트리케라톱스 부부의 하나뿐인 아이. 아빠 트리케라톱스가 리케라에게 빨간 열매는 병을 낫게 해주고 마음도 상냥하게 해주는 아주 신기한 열매라고 가르쳐주던 어느 비 오는 날, 리케라 가족에겐 아주 큰 어려움이 닥친다. 아빠와 엄마, 리케라가 비를 피해 동굴에 있을 때 갑자기 땅이 흔들리고 커다란 바윗덩이가 굴러떨어진 것이다. 위험을 직감한 아빠는 리케라의 등을 쳐서 동굴 밖으로 날려 보낸다. 리케라는 동굴 밖에서 혼자가 된다.

눈물이 날 것 같고 두렵지만, 아빠의 격려를 들은 리케라는 용기를 낸다. 엄마와 아빠를 구해줄 다른 공룡들을 데려와 동굴을 막은 바위를 깨보려 한다. 하지만 모두 단단한 바위 앞에 속수무책으로 실패하고 이 바위를 깰 수 있는 건 오직 한 녀석밖에 없다고 중얼거리기만 한다. 티라노사우루스다. 리케라는 초식공룡이니 티라노를 찾아가면 잡아 먹힐 것이 뻔하다. 그런데도 리케라는 엄마 아빠를 위해 티라노를 찾아간다. 그리고 티라노에게 맹랑한 제안을 한다. 자기를 잡아먹으라고, 하지만 동굴에 갇힌 엄마 아빠를 위해 그 큰 바위를 치워주고 잡아먹으라고 한다.

내게도 리케라 같은 딸이 있다. 내가 아플 때면 누구보다도 씩씩해진다. 걱정이 가득한 눈동자가 훤히 보이는데도 이를 악물고 버티며 엄마를 간호해낸다. 딸이 고3일 때 췌장염으로 입원한 적이 있었다. 고3 엄마가 참 불량이라는 주변 사람들의 말이 듣기 싫었던지, 딸은 이를 악물고 공부를 하더니 인생 최고의 모의고사 성적을 만들어냈다. 리케라 같은 아들도 있다. 엄마가 과로로 쓰러졌던 어느 날, 누구보다 침착하게 정신없는 엄마를 부축해 병원으로 데리고 가서 이런저런 수속을 마치고 링거를 맞게 했다. 모두 믿음으로 키워낸 덕이다. 스스로를 믿을 수 있도록 도우면 무엇이든 지켜내는 아이로 자란다.

꼬마 공룡 리케라, 그리고 동굴 속에 갇힌 두 마리의 공룡까지 모두 먹어 치울 욕심으로 리케라의 제의를 흔쾌히 수락한 티라노는 동굴로 향한다. 그러나 티라노가 예상치 못한 문제가 줄줄이 생긴다. 바위는 너무 단단해서 아무리 부딪혀도 꿈적도 하지 않고, 동네 초식공룡들까지 죄다 몰려와 티라노를 쫓아내기 위해 돌을 던져댔다. 상황이 답답하고 당황스럽기도 할 텐데 리케라는 전혀 흔들리지 않았다. 날아오는 돌들을 자기가 대신 맞고, 티라노의 상처를 치료하기 위해 빨간 열매를 구해온다. 리케라는 부모님을 구해줄 이가 오직 티라노뿐이라고 온전히 믿었던 것이다. 그 믿음 덕분에 티라노의 단단하고 차가웠던 마음에는 쩍쩍 금이 간다. 티라노는 상처를 무릅쓰고 리케라의 부모를 구한 뒤, 홀연히 떠나 다시는 돌아오지 않는다.

믿으면 이루어진다. 리케라의 아빠는 위험한 순간에 리케라를 동굴 밖으로 밀쳐내며 리케라가 혼자서도 무엇이든 잘 해낼 것이라 믿었고, 리케라는 무서운 티라노가 엄마 아빠를 구해주리라 굳게 믿었다. 티라노는 이 믿음들 앞에서 한없이 깊은 그 무언가를 느꼈을 것이다.

믿음은 사람을 키워낸다. 주위를 변화시키고, 살 만하게 만들 수도 있다. 불가능하게 보였던 일들도 믿음이 있다면 이루어지고, 차갑게 얼어버린 마음들도 따듯하게 녹일 수 있다. 믿음 덕분에 사람들은 조금 더 멋있어지고, 세상은 더 살만해질 수 있다. 그렇다면 한 번 믿어 볼 만하지 않은가. 내 곁에 있는 그들을.

● 최혜정

『나는 당신을 믿어요』가 어른의 삶에 던지는 질문

나의 믿음이 자양분이 되어
자랄 수 있는 사람은 누구일까요?

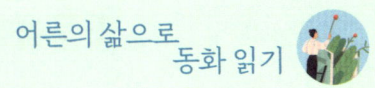

어른의 삶으로
동화 읽기

『갈매기에게 나는 법을 가르쳐준 고양이』 루이스 세풀베다 글, 이억배 그림, 유왕무 옮김, 바다출판사

    오염된 바다에서 기름 범벅이 된 갈매기 켕가는 어느 항구 도시의 집 베란다에서 죽음을 맞이합니다. 그곳에서 만난 검은 고양이 소르바스에게 알을 맡기고, 새끼가 태어나면 나는 법을 가르쳐달라는 부탁을 하고 죽게 되지요. 이 황당한 상황에서 갈매기와의 약속을 지키기 위해 알을 부화시키고 새끼를 기르고, 결국 나는 법까지 가르치는 고양이 소르바스의 고군분투를 통해 독자는 믿음과 사랑, 다른 존재에 대한 존중이라는 소중한 가치를 발견하게 됩니다.

    우화 형식의 이 동화는 다양한 등장인물들을 통해 인간군상의 모습을 보여주며 유일하게 고양이들과 소통하게 되는 '시인'이라는 존재를 통해 순수함을 잃고 살아가는 인간에 대한 안타까움을 보여줍니다.

마음을 알아주는 사람이 있나요?

『하늘을 나는 사자』
사노 요코 글·그림
황진희 옮김
천개의바람

남편의 마음이 바닥을 쳤다. 사람들 때문에 힘든 일이 겹쳐서 일어나다 보니 여린 성격에 고되었나 보다. 물론 시간이 약이라더니 어느 정도 살만해질 때가 오긴 했다. 이때다 싶어 책방이 쉬는 어느 날, 집 근처 경치 좋은 카페에 가자고 그를 잡아끌었다. 가방에 비장의 무기를 숨기고서.

달달한 빵과 함께 시원한 커피를 마시며 잡담을 나누다 카페 정원으로 나갔다. 각양각색의 꽃과 나무로 꾸며진 예쁜 정원을 보니 행복감이 몰려왔다. 서해가 눈 앞에 펼쳐지니 마음도 뻥 뚫리는 것 같고 남편 표정도 편안해 보이는 것이 여간 좋은 게 아니었다. 한적한 곳에 있는 그네 벤치로 남편을 몰고 가서 가방에 챙겨온 책 한 권을 '짠!'하고 꺼내 들었다. 앞뒤로 흔들거리는 그네에 앉아 차지도 덥지도 않게 딱 좋은 바닷바람을 맞으며 남편에게 그림책『하늘을 나는 사자』를 읽어주었다.

어느 마을에 하늘을 나는 사자와 고양이들이 살고 있었다. 멋진 사자를 보기 위해 고양이들은 날마다 사자의 집에 모여들었다. 마음 착한 사자는 그들에게 뭐라도 대접하고 싶었던 마음에 매일같이 하늘로 날아올라 먹잇감을 사냥해왔다. 고양이 손님들은 이런 배려를 당연하다는 듯이 여겼고, 늘 뻔뻔한 태도로 몰려와 대접을 받았다.

하루도 빼놓지 않고 몰려드는 고양이들 때문에 지쳐버린 사자는 '낮잠을 자야 한다'고 용기를 내 말했지만 고양이들은 농담도 잘한다며 자지러지게 웃을 뿐이었다. 마음의 힘과 육체의 힘을 다 소진해버린 사자는 어느 날 지쳐 쓰러져 돌이 되고 만다.

하늘을 나는 사자에게 날마다 놀러 오던 고양이들은 어쩜 그렇게 얼굴과 표정도 얄밉고 못됐는지. "역시 사자야"라고 치켜세우며 사자가 구석에서 우는 것도 모르고 이용만 할 뿐이었다. 사냥을 하기 위해 땅을 박차고 용맹하게 하늘로 날아올랐지만, 삶이 얼마나 고되었을까. 친구들과 함께 웃고 떠들며 만찬을 즐기는 것 같지만 자신의 진짜 마음을 모르는 친구들 속에서 무척 외로웠을 것이다.

우리 집 막내가 아무도 열지 못하는 학원 친구의 텀블러 뚜껑을 열어서 물을 마시게 도와준 일이 있었다고 한다. 그런데 친구의 입에서 많이 들었지만, 들을 때마다 따끔따끔한 그 못된 말이 나왔다.

"역시, 돼지라 힘이 세."

함께 살아가기

주변 친구들은 낄낄거리고, 막내도 그냥 웃었다고 한다. 정색하면 사이가 나빠질까 봐. 따지고 보면 맞는 말이기도 해서.

품에 안아주며 "너무 속상했겠다."라고 하니 그제야 울음이 터졌다. 속마음을 숨기고 태연한 척했을 아이를 떠올리니 가슴이 찌릿찌릿 쓰려왔다. 나도 관계 때문에, 분위기 때문에 나의 존재를 희생시켰던 적이 많았다. 상대방 생각하느라고 속마음은 아닌데 '허허허' 바보같이 웃었던 과거의 나의 모습이 떠올라 품속의 아들을 더욱더 세게 끌어당겼다.

우리에겐 각자가 속한 사회가 있다. 그 속에서 다양한 관계를 맺으며 살아간다. 정도의 차이는 있겠지만 수없이 많은 상처를 받고, 어떤 것은 해결하지 못한채 가슴에 묻고 살기도 한다. 자기 마음을 알아주지 않는 고양이들 사이에서 오랫동안 울던 사자는 오히려 돌이 되는 것이 편하지 않았을까.

몇백 년이 흘러도 깨어나지 않던 사자를 깨웠던 것은 마음을 알아주는 말 한마디였다. '분명히 피곤했을 거야'란 별것 아닌 말에 위로를 받고 다시 하늘을 향해 날아오른다.

우리는 모두 내 마음을 헤아려주는, 나의 진정한 가치를 아는 사람들을 원한다. 오랜 잠에서 깨어나 땅을 박차고 하늘을 나는 황금빛 사자의 표정이 그것을 말해준다.

"마음을 알아주는 사람이 있어?"

"그 사람이 누구야?"

돌처럼 굳어버린 사자의 심정을 아는 우리 집 두 남자에게 물어보았다. 나는 짐작했던 그 대답을 들었고, 우리는 행복하게 마주 보며 웃었다.

● 김혜경

『하늘을 나는 사자』가 어른의 삶에 던지는 질문

그냥 바위가 되어버리고 싶은 날,
나를 날 수 있게 하는 딱 한마디 말은 무엇인가요?

어른의 삶으로 동화 읽기

『루호』 채운하 글, 오승민 그림, 창비

　'사람으로 변신한 호랑이가 우리 곁에 살고 있다면 어떤 모습일까?'라는 상상을 바탕으로 만들어진 한국형 판타지 동화입니다. 어느 한적한 마을에 사람의 모습으로 변신한 호랑이 루호와 토끼 달수, 까치 희설이 한 집에 모여 삽니다. 이들이 사는 집은 구봉 삼촌의 집. 구봉 역시 변신한 호랑이입니다.
　'구봉' 삼촌은 사람과 동물이 마음을 주고받을 수 있다고 믿으며 사람들과 어울려 살아갑니다. 하지만 변신한 호랑이를 괴물이라 생각하며 평생 쫓는 호랑이 사냥꾼 '강태'가 나타나며 구봉 삼촌과 아이들에게 어려움이 닥칩니다. 독자는 학살에서 살아남기 위해 변신을 선택한 호랑이들의 특별한 삶을 보며 다르다는 것을 인정하고, 다름을 귀하게 보는 눈이 상생하는 세상을 만드는 지혜임을 느끼게 됩니다.

떼쟁이 호랑이에게

『친구의 전설』
이지은 글그림
웅진주니어

예전에 나는 혼자만의 생각 속에서 내가 어디에 머물고 있는지 깨닫지 못한 채, 내가 하는 것에 대해 정당성을 부여하며 살았었다. 내가 설정한 '자기 확신'이 가끔은 나의 의지를 강화해주기도 하고, 목표를 설정하고 달음질할 때 기폭제 역할을 하기도 했다. 그 기폭제를 발판 삼아 열정과 열심으로 달렸지만, 사람의 마음을 보기보다는 트로피를 거머쥐기 위해서 달렸던 시간이었음을 이제는 느낀다.

『친구의 전설』이라는 그림책에서 호랑이와 호랑이 꼬리에 붙게 된 꼬리꽃의 관계를 살펴보게 되었다. 다른 동물들에게 괜시리 위협적이고 거칠었던 호랑이는 친절하게 다른 이를 품어주는 꼬리꽃을 만나게 된다. 살아가는 문법이 전혀 달랐던 둘이지만, 호랑이는 꼬리꽃의 영향을 받고 '나밖에 모르던' 호랑이에서 다른 동물들의 어려움을 살펴보고 도와주는 호랑이가 된다.

드디어 호랑이가 다른 이의 '친구'가 된 것이다.

시간이 흘러 꼬리꽃 민들레가 노년이 되어 하얗게 변했을 때, 호랑이 역시 새하얀 백호가 된다. 그러던 어느 날 호랑이가 숲속에서 느닷없이 그물 덫에 잡히게 되는데, 겁에 질린 호랑이를 안심시킨 꼬리꽃은 호랑이에게 게임을 하자고 한다. 호랑이가 눈치채지 못하게 이별을 결심하고, 자신을 '후' 하고 붉게 만든다. 마지막까지 호랑이를 사랑한 꼬리꽃의 홀씨는 친구들에게 날아가 호랑이가 덫에 걸렸다는 소식을 전한다. 덕분에 호랑이는 동물 친구들의 도움을 받아 덫에서 벗어나게 된다.

그림책 속 호랑이를 보면서 나를 둘러싼 '관계'에 대해 떠올리게 되었다. 나는 두껍고 무거운 갑옷을 입은 것처럼 무엇인가를 해야 한다는 당위성에 사로잡힌 채 목표를 향해 달리기만 했다. 그리곤 내 마음을 나도 몰라 이리저리 헤매기도 했다. 겉으로는 아무렇지도 않은 척, '남들도 다들 그렇게 살아가고 있어'라고 당연하게 여기며 가족의 마음, 친구의 마음, 이웃의 마음, 동료의 마음을 읽어주지도 못했다. 그림책 속 호랑이처럼 섣부른 상상 속에서 괜한 화를 내고 어리광을 부리고 있었나.

사춘기 아들 둘을 키우면서 자주 당면하는 질문은 '내가 자기중심적인 성향이 이렇게 강했었나?' 하는 것이다. 아이들의 울퉁불퉁한 모습을 참을 수 없어 하고, 아이들이 정말 이상해졌다고 괜한 탓을 하기도 했다. 아이들의 온전하지 못함은 너무 당연하고 그것을 극복할 수 있도록 도와줘야 하는데, 엄마로서 아이들을 평가만 하고 점수를 주며 그 마음에 다가가지 못했다. 나는 가장 가까운 가족 안에서 내 생각과 기준을 조용하고 은밀하게 그렇지만, 폭력적으로 강요하고 협박하는 호랑이였던 것이다. 가족들을 믿어주고 도움을 주기보다는 마음의 불안과 걱정으로 얽힌 내 마음을 여러 가지 모습의 불편함으로 하소연하기 바빴던 것이 아니었을까?

겉으로는 차분하고 분별력 있게 살아가는 사람처럼 보이지만, 내 안에 살고 있는 '떼 부리는 호랑이'는 '맛있는 거 주면 안 잡아먹지.' 하는 마음으로 나 자신과 상대를 향한 불편한 마음을 감춘 채 삭히곤 했다. 떼쟁이 호랑이 같은 내 마음은 춥기도 하고, 외롭기도 해서 사는 게 참 고달팠다. 하지만 매일매일 전쟁 같은 나날 속에서 얽히고 깨진 내 마음을 녹여주고, 풀어주고, 읽어준 '노란 민들레꽃' 같은 친구들을 만난 것은 행운이었다. 어쩌면 그들은 내 일상에 항상 있었으나 내가 선을 긋고 다가가지 않았는지도 모르겠다. 노란 민들레꽃과 친구가 되면서부터 나는 스스로 내 안에 일그러진 상처를 싸매주고 토닥거릴 수 있게 되었다. 방어적이고 자기중심적이었던 나의 시야가 넓어지면서 다른 사람의 얽힌 마음도 보이기 시작했다.

가족들, 직장동료들, 그리고 교실에서 만나는 아이들 속에서 종종 얽힌 마음으로 떼를 쓰는 또다른 호랑이들을 볼 때가 있다. 예전에는 그 호랑이를 매섭게 노려보기도 하고, 내가 더 큰 호랑이가 되어서 싸워 이기고 누르려고 하기도 했다. 그런데 날 보듬어 주는 꼬리꽃들의 사랑이 내 안에 얽힌 마음을 안아주는 일이 잦아지자 호랑이처럼 날을 세우며 사는 것이 더 힘들다는 것을 알게 되었다. 날카로운 잔소리보다는 안타까운 마음으로 묵묵히 인내하고 기도하는 내가 되어야 함을 깨닫게 된 것이 감사의 제목이다.

나이가 든다는 것은 아주 조금씩 민들레 홀씨를 날리게 되는 과정이 아닌가 생각한다. 새 학기가 되어 우리 반 아이들에게 순수한 마음의 민들레 홀씨를 날려 보내며, 떼쟁이 호랑이들이 늠름한 호랑이로 조금씩 변하는 것을 보니 뿌듯하고 감사하다. 꽃비가 내리는 봄날에 민들레 향기 가득한 『친구의 전설』을 읽게 되면서 조금씩 성장하고 있는 나를 품에 꼭 안아본다.

● 김태은

『친구의 전설』이 어른의 삶에 던지는 질문

나는 떼쟁이 호랑이인가요,
친절한 꼬리꽃인가요?

어른의 삶으로 동화 읽기

『잘못 뽑은 반장』 이은재 글, 서영경 그림, 주니어김영사

　착한 아이와는 거리가 먼 이로운. 반에서 말썽만 피워 온 로운이의 별명은 '해로운'입니다. 로운이는 어느 날, 자신을 무시하는 친구들의 코를 납작하게 해주려고 반장 선거에 출마합니다. 친구들의 약점을 폭로하겠다는 협박과 거짓말로 반장에 당선된 로운이, 반장 일이라고는 아무것도 못하는 로운이 때문에 4학년 5반은 그야말로 엉망진창이 됩니다.

　잘못 뽑은 반장이라는 친구들의 비난에 지친 로운이가 드디어 반장다운 반장이 되기 위해 노력하는데, 로운이의 좌충우돌 반장 성공기가 감동적입니다. 공부를 잘하든 못하든 모든 아이는 존중받을 권리가 있으며 사랑스러운 장점을 갖추고 있다는 것을 알려줍니다. 또한 무한한 가능성을 가진 아이들에게 '말썽꾸러기'라는 낙인이 얼마나 무의미한 것인지를 로운이를 통해 보여줍니다.

함께 살아가기

나의 가드, 그리고 맷집

『가드를 올리고』
고정순 글그림
만만한책방

　　　　　　외국에서 아이들을 데리고 살 때, 작은 아이의 등하교를 위해 어쩔 수 없이 가사도우미를 고용한 적이 있었다. 가사도우미 모나는 필리핀에서 대학교수를 했었고, 가톨릭 신자이며, 아이 넷의 엄마로서 다분히 포근한 인상을 주는 사람이었다. 요리, 청소, 정리 정돈 등이 다소 서툴렀지만, 그래도 낯선 외국에서 일하는 동병상련의 정이 느껴져서 요리와 청소하는 방법을 가르치고 우리 집에서 잘 적응하기를 도왔다.

　　그런데 시간이 지나면서 모나는 변하기 시작했다. 외모에 관심을 쏟고, 우리 집에서 해야 할 일은 게을리하고, 다른 곳에 가서 몰래 시간제 가사도우미를 하기도 했다. 이런 사실이 여러 차례 밝혀지고 모나는 그때마다 거짓말과 울음 섞인 변명으로 동정을 얻으려 했다. 모나와 나 사이에 신뢰가 조금씩 금이 가고 있었다.

　　같이 지낸 지, 1년 4개월쯤 되었을 때, 그녀는 어머니가 돌아가셨다며 아이들을 돌봐줄 사람이 없어서 돌아가야 하니 계약을 파기하겠다고 했다. 밉든 곱든, 그동안 같이 생활하며 나를 도와준 모나가 측은해 보였고 안타까웠다. 그래서 돌아가는 그녀를 위해 가족들에게 줄 선물 한 트렁크와 비행기 티켓, 한 달 치 월급을 더 주면서 그동안 너무 고마웠노라 눈물까지 흘리며 배웅을 했다.

그런데… 모나가 떠난 후… 연이어 엄청난 일들이 벌어졌다. 그녀가 떠나기 일주일 전부터 나는 피부 알러지로 동네 의원에 가서 약 처방을 받았는데 별로 나아지지 않았다. 모나의 출국 이후, 피부과 전문의에게 가서 보이니 '옴(scabies)'이라고 하며 혹시 필리핀 도우미랑 같이 살고 있는지를 물었다. 그러고 보니 그녀는 가기 보름 전부터 무더위에도 불구하고 긴 가디건을 입고 부엌에서 잘 나오지도 않았다. 게다가 내가 출근한 뒤 내 침대에서 낮잠을 자기도 하고, 내 물건들을 자기 것인 양 사용했다가 들킨 적이 여러 번 있어 주의를 주었던 것이 생각났다. 하지만 '옴 사건'은 서막에 불과했다.

모나가 필리핀으로 귀국한 후, 나의 결혼 예물들과 옷가지 몇 벌, 아이들의 장난감이나 물건들이 상당수 없어졌다는 것도 알게 되었다. 내가 아는 한국인 지인들에게도 돈을 빌리고 갚지 않았다는 말도 들려왔다. 게다가 돈이 없어 노숙자 숙소에서 살았고, 고리대금 업자에게 3만 불이나 빌려다 쓰고 이자를 독촉받는 형편이었다고 했다. 만약 그녀가 떠난 후에 우리가 새로운 집으로 이사하지 않았다면, 우리 집에 사채업자들이 찾아왔을 것이라는 얘기도 듣게 되었다. 연이어 뒤통수를 거세게 얻어맞은 느낌이었다.

함께 살아가기

옴이 좀 나아지나 싶었는데, 어느 날인가부터는 너무 심하게 모기에 물린 것 같은 자국이 생겼다. 심지어 벽에 검정색 작은 점들이 띠를 만들어 줄무늬 지어있고, 아침에 일어나면 피가 터져 죽어있는 벌레들이 보였다. 나중에 알고보니 그 벌레들은 바로 빈대였다. 순간, 퍼즐이 조금 더 맞춰졌다. 빈대가 언제부터 있었나 생각해보니 옴과 겹치는 시점이었고, 모나가 우리 집과 노숙자 숙소를 오가며 출퇴근을 하던 때였다.

빈대는 금방 우리 집에 포식자가 되었고, 아이들과 나는 깊은 밤, 잠든 사이에 빈대에게 피를 헌납하는 먹이가 되었다. 이런 사실을 누군가에게 말하기도 겁났다. 해외에서 아이 둘을 데리고 혼자 직장생활을 하는 여자가 옴과 같은 병을 갖게 되고, 더더구나 빈대를 집에 품고 있다는 것은 정말 치명적인 주홍글씨 같이 느껴졌다.

방역업체를 급히 불러 물어보니, 최소 3-4개월은 집을 비워야 한다고 했다. 돈도 돈이지만, 뻔히 있는 집을 놔두고 나가서 살아야 한다는 게 기가 막힐 노릇이었다. 방역업체에서는 커다란 두루마리 랩을 주면서, 집안의 모든 물건을 랩으로 싸야 하고, 버려야 할 물건 또한 버리지 말고 상자에 넣어 랩핑(wrapping)하라고 했다. 3박 4일동안 밤을 지새우면서 모든 가구들과 물건들을 랩핑 했다. 방역은 랩핑이 끝난 날 1번, 그 후 1주, 그 시점에서 2주 뒤, 다시 3주 뒤, 다시 4주 뒤, 다시 5주가 지나서야 끝이 났다.

방역이 진행되는 4개월 동안 우리는 간신히 잠만 자도록 얻은 쪽방에서 하루하루를 버티며 살아내야 했다. 씻는 것도, 먹는 것도 할 수 없고, 아침 7시부터 저녁 8시까지 비어있는 조건으로 얻은 쪽방이었기에 저녁이 될 때까지 아이들은 내가 근무하는 교실에서 시간이 가기를 기다려야 했다. 늦가

을과 겨울을 난방기 없이 두 아이와 오들오들 떨면서 서로 부둥켜안고 잠을 청해야 했다.

『가드를 올리고』에서 상대에게 정신없이 얻어터지는 주인공을 보며 그때의 내가 떠올랐다. 단박에 오를 것 같았던 산에서 큰 바위를 만나고, 웅덩이를 만나고, 가파른 언덕을 만나 더는 한 걸음도 못 걸어갈 것 같은 순간에 가드를 올리는 주인공의 모습이 나와 닮아 보였다. 퀭하게 들어간 두 눈, 빈대로 인해 생긴 입 주변의 흉터, 스트레스로 생긴 탈모로 사내아이처럼 짧게 자른 머리, 지치고 피곤한 낯빛을 한 내 모습이 거울에 비쳤다. 집에 빨리 돌아가서 쉬고 싶고, 엄마가 끓여주는 된장국이 너무 먹고 싶다고 하는 아이들을 보며 가슴이 묵직하게 내려앉았고, 눈물이 주체할 수 없이 흘렀다. 내가 무엇을 잘못했는지, 대체 왜 이런 일이 나에게 생기는 것이냐고 하나님께 묻고 또 되물으며 울부짖을 수밖에 없었다.

그렇게 가을과 겨울을 지내면서 힘겨운 쪽방살이에도 요령이 생기고, 친절한 현지 부동산업자의 도움으로 메뚜기처럼 옮겨 다니는 생활이 조금씩 해결되었다. 정말 신기했던 것은 그 어려웠던 시간 속에서 어느새 웃으며 일하고 아이들과 생활하는 내 모습을 볼 수 있었다. 그저 어려움을 잘 이겨내고 적응을 뛰어나게 잘해서 그럴 수 있었을까? 그건 결코 아니었다. 한숨밖에 나오지 않고, 눈물만 흘리고 쓰러져있을 때, 내 발을 꿋꿋이 세워주고, 내 팔을 들어 올려주었던 이들이 있었다. 한국에서 발을 동동 구르며 기도하고 지원해준 남편, 날 응원해 주었던 친구들의 메시지들, 어려운 상황에서도 엄마를 믿고 묵묵히 견뎌준 두 아들이 내가 하루하루를 버티며 살아가게 해준 '가드'였다.

아직도 내 몸에는 백 군데가 넘는 빈대 흉터가 있다. 외롭고 힘들었던 그때의 나를 떠올리게도 하지만, 시간이 지날수록 이 흉터는 어려운 상황에서도 하루하루를 잘 버티며 살아냈음을 인증해주는 표식이 되고 있다. 아직도 왜 내게 그런 답답한 상황이 닥쳤는지에 대해 시원하게 말할 수는 없다. 하지만, 확실한 것은 매일 매일 두들겨 맞는 것 같은 상황에서도 나의 가드들 덕분에 힘을 챙기고 그 산을 통과했다는 것이다. 덕분에 조금은 맷집이 만들어졌던 시간이었음에 감사하며 그날의 내 기억을 인생의 아름다운 무늬로 기록하고 싶다.

● 김태은

『가드를 올리고』가 어른의 삶에 던지는 질문

인생의 주먹을 죽어라 두들겨 맞을 때
나의 가드가 되어 주는 것은 무엇인가요?

어른의 삶으로 동화 읽기

『긴긴밤』, 루리 글·그림, 문학동네

　밤이 두렵고 힘들수록 밤은 길어집니다. 이 책은 지구상에 마지막 남은 흰바위코뿔소 노든과 홀로 남겨진 알에서 태어난 어린 펭귄이 수 없는 긴긴밤을 함께하며, 바다를 찾아가는 이야기입니다. 노든과 어린 펭귄이 인간이 만들어 놓은 울퉁불퉁한 길 위에서 엉망인 발로도 다시 우뚝 일어설 수 있게 된 것은, 잠이 오지 않는 길고 컴컴한 밤을 함께 보내며 서로를 의지하고 사랑했기 때문입니다. 노든과 어린 펭귄이 서로에게서 인생을 살아갈 힘을 얻듯 우리도 서로의 삶의 목적이 되어 긴긴밤을 버틸 수 있음을 느끼게 됩니다.

　세상살이에 서툰 노든을 아내가 도와주고, 윔보가 오른쪽 눈이 보이지 않는 치쿠를 위해 항상 치쿠의 오른쪽에 서고, 앙가부가 노든의 이야기를 끝없이 들어준 것처럼 함께 함이 세상을 움직이고, 생명을 살게 합니다.

기억의 풍선 채우기

『기억의 풍선』
제시 올리베로스 글
다나 울프카테 그림
나린글 편집부 옮김
나린글

'참 신기하지? 내가 분명 타박타박 걸어온 날들인데 모든 날이 다 기억나지 않는다는 것이 말이야. 지금 기억하고 있는 날들은 무슨 기준에서 가르고 모아서 어떤 순서로 정리된 것일까? 요즘은 뇌파도 찍고 뇌과학도 발달했으니 그런 비밀도 밝혀질 수 있으려나 싶은데 또 너무 다 알려줘도 재미가 없을 것 같기도 해. 그냥 어느 날 불쑥 떠오르는 기억을 곱씹는 그런 쏠쏠한 맛이 꽤 괜찮거든. 우리의 기억을 풍선으로 불어서 띄워둔다면 어떤 풍선이 가장 크고, 또 어떤 빛깔로 표현할 수 있을까? 아차 하는 순간에 내 풍선이 터지거나 하늘로 날아가 버린다면 정말 주저앉아버리고 싶을 것 같아.'

『기억의 풍선』은 이런 생각에서 만들어진 책이 아닐까? 할아버지가 가진 많은 기억의 풍선 중에 손자가 가진 풍선과 꼭 같은 은색 빛깔의 풍선을 보며 둘이 다정하게 이야기를 나누는 장면은 같은 기억을 나눠 가진 사람들만이 할 수 있는 꽁냥꽁냥이기에 참 마음에 드는 장면이다.

그런데 할아버지의 풍선 속 이야기에 귀를 기울이던 손주에게 큰 고민이 생긴다. 요즘 할아버지의 풍선에 문제가 생겼기 때문이다. 할아버지가 같은 이야기를 반복하시거나 풍선이 할아버지의 손을 떠나 날아가버리는 걸 전혀 눈치채지 못하신다. 손주가 풍선을 잡아보려 이리저리 뛰어보지만 소용없다. 결국은 안타까움에 길가에 주저앉아 울음을 터뜨리고 만다.

그림책에서 기억의 풍선이 손에서 멀어지는 모습은 안타깝다. 이제 중년을 넘어서는 나의 기억들을 더 꽉 움켜잡고 싶게 한다. 하지만 그림책은 말한다. 사람들의 기억에 그가 남아있고, 여전히 그를 추억할 수 있다면, 기억의 풍선이 사라진 것이 아니라 그의 손에서 우리에게로 옮겨간 것일 뿐이라고. 그는 우리 곁에 여전히 남아있는 것이라고.

한참 만에 연락이 닿은 친구와 모처럼 화상프로그램으로 만난 적이 있다. 둘 다 아들을 옆에 두고 대화 중이었다.

"야, 네 아들 너 닮았어!"

어랏! 나도 그 생각하고 있었는데. 내 친구의 모습이며 분위기가 친구 아들한테서 묻어나는 것을 보니 옛 어른들 말씀처럼 씨도둑질은 못한다는 것이 이런 건가 싶었다. 어딘가 모르게 닮아가는 것. 지금 나의 모습 속에도 우리 부모님의 사연이 담겨있고 또 부모님의 모습도 윗대의 이야기를 어딘가 품고 있겠지. 그렇게 세대는 또 다른 세대와 이어지고, 흩어지지 않고 그들만의 다양한 기억의 풍선을 띄워낸다.

함께 살아가기

그런데 대체, 우리는 얼마만큼의 기억 풍선을 가진 걸까? 사람의 나이만큼 그 사람의 기억도 남아있다면 또래는 모두 비슷한 추억의 갖고 있을텐데 그렇지만은 않은 게 우리의 삶이다. 풍성한 추억을 만드는 것은 온전히 개인의 몫이다. 나의 하루하루 일상을 톺아보며 추억을 길어올려, 기억 풍선을 풍성하게 만들 수 있는 방법은 무엇일까? 그 방법을 곰곰히 모색하다가 드디어 찾아낸 것이 '글쓰기!!'

최근에 갑작스럽게 11년 전 기억이 풍성하게 다시 살아나는 경험을 했다. 생일을 축하한다며 불쑥 온 카톡 메시지를 확인해보니 예전 온라인 100일 글쓰기를 함께 했던 분이었다. 그 메시지와 함께 약 3개월간 열정적인 매일 글쓰기를 했던 11년 전 그 시절 기억이 순식간에 떠올랐다. 정말 오랜만에 글쓰기 카페에 접속하고 내 기억 속에 침잠했던 이름들을 다시 접하니 그들의 미소와 목소리가 들리는 듯했다. 카페의 글들을 하나씩 클릭하며 11년 전 나를 만났다. 어렴풋하게 기억이 나는 일들도 있고, 전혀 기억이 나지 않아 새롭게 다가오는 것도 있었다. 잠깐 사이에 11년 전으로 빨려들어간 듯 다녀온 덕분에 갑자기 나의 30대 기억 풍선이 몽알몽알해졌다. 그러고 보니 초등학교 때의 일기도 집 안 어딘가의 종이박스 안에서 다시 읽어 줄 순간을 인내심있게 기다리고 있다는 것이 떠올라 가슴이 설렌다.

카톡 메시지에 반갑게 답장을 보냈다. 그림책 속의 할아버지와 손자가 은색 빛깔의 풍선 이야기를 공유했던 것처럼 이제는 나도 같은 기억을 꺼내어 꽁냥꽁냥 할 수 있는 그녀를 만나 간만에 11년 전을 추억하는 방부제 수다를 떨어볼까 한다.

오늘도 나는 소중한 이들과의 순간을 기억의 풍선에 눌러담는다. 풍선의 빛깔이 지금 당장은 눈을 끔뻑여도 잘 느껴지지 않지만, 멀찌감치 떨어진 후에는 시간 속에서 물들어 알록달록 환히 보이리라. 그래서 오늘도 이렇게 한 줄 글을 남긴다.

● 이은경

『기억의 풍선』이 어른의 삶에 던지는 질문

지금 이 순간, 나의 풍선 안에는
어떤 이야기들이 채워지고 있나요?

어른의 삶으로 동화 읽기

『할아버지의 뒤주』 이준호 글, 백남원 그림, 사계절

과거 시간으로 이동할 수 있는 숨겨진 통로가 되는 '뒤주', 할아버지는 이 뒤주를 통해서 과거로 돌아가 아픔으로 남은 그 시간을 찾아 헤맵니다. 할아버지와 한방을 쓰게 된 민제는 한밤중에 등산용 배낭을 메고 뒤주에서 나오는 할아버지를 목격하고 비밀을 공유하게 되지요.

할아버지는 한국 전쟁 때 큰형님과 헤어졌습니다. 그것이 자신의 실수 때문이라 여겨 평생 죄책감과 그리움을 갖고 사십니다. 그러니 뒤주를 통해 그 후회의 장면으로 돌아가려는 것입니다.

몸이 편찮으신 할아버지를 대신하여 민제가 떠나는 시간 여행, 그 여행을 통해 민제는 할아버지를 이해하고 그 시대의 아픔을 알게 됩니다. 분단 현실의 아픔을 생생하게 전하고, 이산가족의 아픔을 절절히 느끼게 해줍니다.

일하는
내가 좋다

한 남자가 아이 때부터 연주를 꾸준히
연습했기 때문에…
오케스트라를 함께 하자는 요청을 받았지.
한 여자가 밤낮으로 열심히
공부했기 때문에…
그녀 또한 함께 연주하자는 제안을 받았어.

『때문에』(모 윌렘스 글, 엠버 렌 그림, 보물창고) 중에서

행복한 도서관을 꿈꾸며

『도서관』
사라 스튜어트 글
데이비드 스몰 그림
지혜연 옮김
시공주니어

나는 책 읽기를 즐겨 하지 않았다. 『도서관』의 주인공 엘리자베스 브라운처럼 책 읽기가 좋아서 책을 읽는다기보다는 어떤 문제를 해결하기 위해, 과제를 해결하기 위해 책을 읽는 일이 더 많았다. 나에게 책은 문학적 향유보다는 호기심 해결을 위한 도구와 당면한 과제를 해결하는 수단과 목적이었다. 그러나 요즘은 그저 책이 좋아서 읽는 엘리자베스 브라운의 삶이 부럽다. 함께 책을 읽을 친구가 있고 그 친구와 마음을 공유하는 노년을 갖는다니, 아름답기까지 하다.

나의 어린 시절에는 요즘처럼 아이들을 위한 매력적인 책들이 많지 않았다. 집에 있는 책이라고는 비슷한 판형과 표지의 유명 출판사 전집들뿐이었다. 이 책들은 읽을거리라기보다는 훌륭한 집짓기 놀이 재료들이었다. 책을 읽기보다는 책들을 펼쳐 바닥에 깔기도 하고, 담처럼 쌓기도 하면 집짓기 놀이에 더할 수 없이 좋은 재료였다. 나는 그렇게 지은 집에서 잠을 자기도 하고, 그 집에 들어가 동생과 함께 소꿉장난도 하고, 혼자 드러누워 북유럽 신화나 이솝이야기 등에 푹 빠져 시간을 보내기도 했다. 그러고 보니 비록 책이 집짓기 도구였지만 책에 대한 이런 좋은 추억이 내가 책과 관련된 일을 하며 살 수 있도록 이끌어 준 것은 아닐까?

『도서관』은 내가 사서를 시작했을 무렵, 학생들에게 도서관 교육 자료로 활용하던 책이었다. 하지만 주인공 엘리자베스 브라운이 책 외에 다른 것에는 관심이 없고 오로지 책만 읽는다는 점이 좀 걱정스럽기도 하고, 책을 읽는데 정신이 팔려 기차를 타고 나갔다가 길을 잃어버리고, 아예 그곳에 정착해 버리는 등, 이야기 속에 이상하다고 생각되는 부분이 너무 많았다. 그런데도 이 책을 선택한 것은 책 속 여자 주인공처럼 아이들이 책을 좋아하고 많이 읽어주기를 바라는 마음이었고, 도서관 규칙을 가르치기 좋고, 더구나 숭고한 그녀의 기부 정신과 도서관 정신이 들어있었기 때문이다.

나의 일터, 학교도서관은 책을 좋아하는 아이들만 오는 곳이 아니다. 교실을 벗어난 공간이면서 느긋하게 책도 읽을 수 있고 궁금한 게 있으면 찾아볼 수도 있다. 관심 가는 분야의 책들을 골라 편안하게 쉬면서 읽어볼 수도 있다. 아이들은 이런 자유로움과 여유가 좋아 쉬는 시간이면 도서관으로 달려온다. 학교라는 건물에서 만나는 유일한 문화공간인 도서관이 단순히 책만 대출하고 읽는 곳이라면 오랫동안 환영받기는 어려울 것이다. 도서관이라는 공간을 통해서 다양한 문화와 만나고 소통하기를 원한다. 책 읽기와 규칙만 강조하는 낯설고 엄숙한 도서관이 아니라, 편하고 다양한 체험을 제공하는 최고의 공간, 한 단계 더 나아가 아름다운 문화공간이 되어야 한다. 아이들이 엘리자베스 브라운처럼 도서관을 사랑하며 책과 함께하는 삶을 가꾸었으면 좋겠다.

전문가로 불리는 많은 직업이 우리 사회에 있지만, 어린 학생들을 평생 학습자로 이끌 수 있는 숭고한 목적을 가진 직종은 그다지 많지 않을 것이다. 나는 책, 어린이, 친절 봉사, 정보 소양, 교육 및 행사계획에서 실행까지, 지적 호기심 충족으로 이루어진 현재의 일을 무척 좋아한다. 특히 초등학교 도서관을 더욱 좋아한다. 책을 좋아하는 책벌레이거나, 교실에서 외로운 아이들, 그냥 놀러 오는 아이들, 다양한 유형의 아이들이 꿀단지를 모셔 둔 꿀벌들처럼 도서관을 오고 간다. 나는 도서관이 아름답고 자유로운 문화공간으로 온종일 숨쉬기를 바라고, 그 속에서 아이들을 읽고, 아이들 마음을 읽는, 자칭 '어린이 전문사서', '친절한 사서 선생님'이고 싶다.

● 정수정

『도서관』이 어른의 삶에 던지는 질문

책 읽기가 나의 삶에 미치는
영향은 무엇일까요?

어른의 삶으로 동화 읽기

『도서관을 훔친 아이』, 알프레드 고메스 세르다 글, 클로이 그림, 김정하 옮김, 풀빛미디어

　이 책은 콜롬비아 메데인시에 실재하는 메데인 도서관을 모티브로 만들어진 동화입니다. 작품 속 두 아이는 열악한 판자촌 생활, 알콜 중독 아버지와 가정폭력 등 아무 잘못 없이 어렵고 힘든 상황에 내몰려 있지만, 절대 절망스럽지는 않습니다.

　책에서 아이들의 열악한 상황에 특별한 해결책이나 탈출구를 제시한 것은 아닙니다. 하지만 아이들이 절망하지 않고 밝은 세상으로 나아갈 것이라는 확신을 품게 해줍니다. 또한, 사회와 한 사람의 따뜻하고 선한 의지가 한 아이의 삶에 변화를 가져올 수 있다는 것을 알려주고, 교육의 사각지대에 놓인 아이에게 도서관이 어떤 의미일지 생각하게 합니다.

작고 사소한 '때문에' 벌어지는 어마어마한 일

『때문에』
모 윌렘스 글
앰버 렌 그림,
신형건 옮김
보물창고

모 윌렘스의 그림책을 좋아한다. 웃기면서도 너무 가볍지 않고 공감되는 내용이라 아이들이 어릴 때 자주 읽어주었다. '코끼리와 피기 시리즈'는 함께 깔깔거리고 읽으며 그의 재치에 반했다. 그런데 『때문에』라는 책은 이전 책들과 사뭇 다른 느낌이었다. 진지해 보이는 표지 그림에 수식어 없는 '때문에'라는 제목이 낯설게 느껴졌다. 찾아보니 원제목은 'Because'다.

그림책의 양면 펼침 앞면지에는 '슈베르트의 교향곡 제8번 B단조' 악보가 실려있다. 음악에 관한 이야기일까 짐작하며 읽기 시작했다. 이야기는 베토벤이 아름다운 음악을 작곡했기 '때문에', 슈베르트가 영감을 얻어 자신의 작품을 만들었다는 말로 시작된다. 그리고 많은 사람이 슈베르트의 음악을 듣고 싶어 했기 '때문에', 오케스트라가 생기고, 열심히 연습했기 '때문에', 오케스트라 단원이 된 사람들이 하나둘 등장한다.

이야기는 계속된다. 누군가가 멋진 콘서트 포스터를 만들었기 '때문에', 티켓이 잘 팔리고, 콘서트홀에서 직원들이 각자의 자리에서 맡은 일을 잘했기 '때문에', 콘서트는 완벽하게 준비되었다. 그리고 감기에 걸린 삼촌 '때문에', 숙모와 함께 콘서트에 가게 된 한 소녀는 C열 14번에 앉게 되는데 이것이 소녀의 인생을 결정짓게 되었다.

콘서트에서 슈베르트의 아름다운 음악을 들은 소녀는 악기를 배우고 작곡을 하고, 실력을 쌓아 인정받고 큰 무대에 서게 된다. 오케스트라 지휘자가 된 그녀의 공연은 C열 14번 자리에 앉은 삼촌에게 헌정되었다. 그리고 그날 밤, 그녀의 콘서트에 왔던 또 누군가에게 변화가 시작되는 것으로 이야기는 끝이 났다.

책을 읽고 나니 왜 제목을 '때문에'라고 했는지 이해가 되었다. 살다 보면 우리는 수많은 연결을 경험한다. 사람과 사람 사이의 인연도 그렇지만 어떤 작은 일이나 사소한 계기가 나비 효과가 되어 큰 변화가 일어나기도 하고, 그 영향력이 돌고 돌아 또 다른 아름다운 선순환을 일으키기도 한다.

이 책을 읽을 때마다 떠오르는 아이가 있다. 첫 담임을 맡았던 해에 가장 나를 힘들게 했던 아이, 그러나 지금은 내가 가장 자랑스러워하는 나의 첫 제자. 온갖 말썽을 일으켰고 자주 반항했고 일부러 나와 감정싸움을 하던 그 아이와 열정이 넘치다 못해 불타오르는 새내기 교사였던 내가 교실에서 분투했던 날들은 힘겨웠다. 나는 모든 아이와 잘 지내고 싶었고 아이들

인생에 좋은 영향을 주고 싶었다. 즐거운 이벤트나 특별한 추억을 만들어주려고 노력했고 다양한 경험을 같이하고 싶었다. 그래서 아이들과 함께 우리나라에 처음 들어온 '인체의 신비전'을 보러 가고, 영화관에 가기도 하는 등 다양한 이벤트를 만들어 아이들의 마음을 얻으려고 했다.

그러던 어느 날 교사 연수에서 풍물놀이를 가르쳐주신 사부님들이 연주하시는 공연의 티켓을 얻게 되었다. 몇몇 아이들을 데리고 공연을 보러 가기로 했는데 그 장난꾸러기가 공연을 보러 가고 싶은지 관심을 보였다. 오고 가는 길에, 또는 공연장에서 혹시 말썽을 부리거나 심통을 부려 힘들게 하면 어쩌나 걱정도 되었지만, 같이 가기로 마음먹었다. 그러나 내 걱정과는 달리 아이는 유독 눈빛을 반짝이며 웅장한 대북 소리에 빠져들었고, 공연 내내 누구보다도 집중하며 즐기는 모습이었다.

아이 마음에서 변화가 시작된 것이 그날 그 공연 때문이었을까. 아이는 풍물을 배우기 시작했고 재능도 있었는지 중·고등학교 시절 큰 상도 많이 받았다. 고등학생 때 한일합동 공연을 한다고 티켓을 내게 보내며 보러 와달라고 연락을 해서 무대에 선 아이를 보게 되었는데, 그때의 뭉클함은 평생 잊을 수 없을 것이다. 일취월장한 아이는 이제 퓨전 음악 그룹에서 활동하면서 해외 공연을 다니기도 하고 주목받는 국악인이 되었다. 얼마 전에 단독 공연을 한다기에 보러 갔는데 EBS에서 다큐멘터리를 촬영하러 왔다고 해서 나도 잠깐 인터뷰를 했다. 이 모든 것은 내가 2002년 그날, 아이를 공연장에 데리고 갔기 '때문에' 일어난 일이라고 믿는다.

얼마나 멋지고 자랑스러운지 그 아이를 사람들에게 소개할 때마다, 내 아들인 것처럼 뿌듯한 마음이 된다. 교직 생활을 마치는 날이 올 때까지 앞으로도 '나 때문에' 변화되거나 자기 진로를 잘 찾는 제자들이 몇 명 더 생긴다면 교사로서 엄청난 보람을 느낄 수 있을 것 같다. 나는 교사이기 때문에 교직 인생에서 제자를 잘 키워내는 일보다 더 의미 있는 일은 없으므로.

작고 사소해 보일지 모르는 '때문에'가 모이고 모여 일어날 일들을 기대하며 열정 많은 김 선생님은 오늘도 교실에서 아이들과 열심히 복작대며 하루하루를 쌓아간다.

● 김진향

『때문에』가 어른의 삶에 던지는 질문

나의 삶에서 '때문에' 이루어진
아름다운 일은 무엇이 있을까요?

어른의 삶으로
동화 읽기

『일곱 번째 노란 벤치』 은영 글, 메 그림, 비룡소

그날도 지후는 지난여름 할머니와 둘이 앉아있었던 일곱 번째 노란 벤치에 혼자 앉아있었습니다. 그런데 저만치서 해적 선장을 닮은 하얀 개 한 마리가 뛰어와 지후 앞에 멈춰 섰습니다. 그렇게 지후는 봉수를 만나고, 해나를 만나고, 할아버지를 만나게 됩니다. 흔히 일어날 수 있는 사건들이 등장인물들과 얽히면서 새로운 관계를 맺고 치유를 경험하는 가슴 따듯한 이야기입니다.

작가가 이야기 속에 잡아둔 에피소드들은 우리 주변에서 흔히 일어날 법한 일로 공감을 주지만 공감에서 그치지 않는 생각거리들을 주기도 합니다. 수많은 만남과 헤어짐의 연속인 우리의 삶, 그 자연스러운 흐름 속에서 삶을 배워가는 우리네 인생을 볼 수 있습니다.

그 소녀를 추억하다

『곰씨의 의자』
노인경 글그림
문학동네

독서 교실에 온 아이가 절대 어떤 말도 하지 않는다는 것은 치명적 문제다. 책을 읽고 자기 생각이 담긴 수다를 맘껏 떨어줘야 책은 비로소 '종이 위에 글씨', '작가의 상상력', 그 이상의 무엇을 남긴다. 그러나 그때 그 아이는 어떤 말도 하지 않았다. 엄마를 따라온 어린 소녀는 입을 굳게 다문 채로 한껏 밝은 목소리로 무슨 말이라도 들어보려는 나의 절박한 질문들을 여지없이 허공으로 흩어지게 했다.

"아이가 책은 좋아해요. 집에 있으면 책만 봐요. 수다도 잘 떨었는데 얼마 전부터 필요한 말 외에는 도통 말을 안 해요." 엄마의 속상한 마음을 달래느라 "책이 재미있으면 절로 수다가 떨고 싶어질 거예요. 걱정하지 마세요."라고 하며 첫 만남을 마무리했다. 그 후 책 수업은 계속되었지만 내내 아이는 나의 질문에 고개를 젓거나 끄덕이는 반응이 전부였다. 아이의 목소리를 듣기 위해 얼마나 노력했던지 수업이 끝나면 온몸의 에너지가 다 빠져나간 느낌이었다. 나의 끈질긴 노력에도 아무런 변화 없이 몇 달이 지나갔다. 혼자 원맨쇼 하듯 웃고 떠들고 자문자답하고… 그러던 어느 날 드디어 소녀의 입술이 열리는 순간이 왔다. 입술을 열어 이야기를 쏟아놓던 그날, 소녀는 펑펑 울었다.

그날의 책은 『내 동생 싸게 팔아요』(임정자 글, 김영수 그림)라는 아주 귀엽고 단순한 그림책이었다. 초등학교 4학년이었던 그 아이에게는 너무 쉬운 책이라는 생각도 들었지만, 동생이 있는 아이라면 누구나 폭풍 같은 이야깃거리를 꺼낼 수 있는 책이라 같이 읽어야겠다고 생각했고 예상은 적중했다. 아이는 자기 동생도 정말 팔고 싶다고 했다. 동생이 너무 자기를 힘들게 한다고도 했다. 동생 때문에 자기가 미친 것 같고 이상해진 자기가 무섭다고도 했다. 아이는 오랫동안 아무에게도 하지 못했던 이야기를 폭포처럼 쏟아냈다. 엄마 아빠가 맞벌이라 유치원 다닐 때부터 1살 아래 남동생을 혼자 돌봐야 했는데 너무 말을 안 들어서 힘들었단다. 그런데 얼마 전부터 자기가 이상한 짓을 하더란다. 동생이 자기를 힘들게 하다 나가버리면 아무도 없는 집에서 혼자 소리를 지르며 집안 물건을 마구 던졌다고 했다. 한참을 소리지르며 물건을 던지고 나면 기운이 다 빠지고 정신이 차려지는데 집안은 난장판, 집안 식구 누군가가 오기 전에 정신없이 흩어진 물건을 다 치우고 나면 그냥 말도 하기 싫어진다고 했다. 자기가 이상해진 것 같은데 어떻게 하면 좋을지를 몰라 걱정이라고 말했다. 아이는 울고 나도 눈물이 나는 걸 감추느라 꼭 안아주었다. 그렇게 우리는 할 말, 못 할 말 없는 친구가 되었다.

『곰씨의 의자』에서 10여 년 전 그 소녀를 다시 만났다. 곰씨는 자신의 의자에서 차를 마시며 음악을 들으며 시집 읽는 것을 좋아한다. 그런데 어느 날 마음씨 고운 곰씨 앞에 지칠 대로 지친 탐험가 토끼가 나타난다. 곰씨는 그를 위해 기꺼이 자기 의자를 내주지만, 그때부터 문제가 생긴다. 탐험가 토끼는 곧 무용가 토끼와 결혼했고 그 부부의 새끼들까지 곰씨의 의자에 날마다 놀러 온 것이다. 조용한 시간을 즐기던 곰씨는 이제 그의 의자에서 그 소중한 시간을 즐길 수 없었다. 날마다 토끼 가족이 찾아오고 그들은 곰씨의 속마음도 모른 채 친절한 곰씨와의 요란한 시간이 즐겁기만 하다. 곰씨는 점점 지쳐갔다. 천방지축 동생을 돌보느라 지쳤던 나의 소녀처럼. 그래도 곰씨는 아무 말도 하지 못한다. 말을 하지 못하고 다른 방법을 쓴다. 아무도 의자에 오지 못하도록 누워도 보고, 페인트칠을 하기도 하고, 무지무지 큰 돌을 가져다 놓기도 하지만 아무 소용이 없다. 결국 소중한 의자에 아무도 오지 못하게 하려고 똥을 싸놓는 지경까지 이르지만 모든 계획은 수포로 돌아간다. 완전히 지쳐버린 곰씨는 절규한다.

"말도 안 돼! 날 보고 더 이상 어쩌란 말이야. 내가 얼마나 노력했는데. 난 세상에 다시없는 친절한 곰이라고."

곰씨는 울다가 지쳐 쓰러지고 만다. 나의 소녀도 이렇게 소리치고 싶었을 것이다.

"날 보고 더 이상 어쩌란 말이야. 내가 얼마나 노력했는데. 난 세상에서 다시없는 친절한 누나고, 착한 딸이라고."

곰씨는 며칠 뒤 드디어 토끼 가족에게 그동안 표현하지 못했던 속마음을 천천히 말한다. 덕분에 길고 치열했지만 아무도 몰랐던 의자 전쟁에 마침표를 찍고 평화를 찾는다.

나의 소녀도 폭풍 같은 하소연을 하고 난 후 조금씩 평화를 찾았다. 그때 그 소녀는 지금 어떻게 지내고 있을까? 책이 이런 일을 도울 수 있어서 참 좋다. 이렇게 신통방통한 책이랑 아이들이랑 내가 함께 할 수 있어서 참 좋다. 그리고 그때 그 추억 속의 소녀를 소환해준 『곰씨의 의자』가 참 좋다.

● 최혜정

『곰씨의 의자』가 어른의 삶에 던지는 질문

나의 소소한 행복을 침범하고 있는 그 사람에게
어떻게 나의 마음을 이야기할까요?

어른의 삶으로 동화 읽기

『제후의 선택』 김태호 글, 노인경 그림, 문학동네

비유와 상징을 통해 현실과 상상의 세계를 넘나드는 아홉편의 단편 속에 세상의 부조리함을 꿰뚫어보는 날카로운 시선을 담았습니다. 각각의 단편이 주는 사회적 의미도 예사롭지 않지만, 등장인물들의 마음을 섬세하게 표현하고 있다는 점에도 주목할만합니다.

표제작 『제후의 선택』은 '손톱 먹은 쥐'에 관한 민담을 모티프로 합니다. 이혼을 앞두고 '나누는 일'을 척척 진행하던 제후의 부모는 제후 앞에서 그만 입을 다물고 말지요. 이것도 저것도 서로 자기 것이라며 목소리를 높이던 부모는 무거운 침묵 끝에 마침내 말합니다.

"네가 결정해, 너의 선택을 존중할게."

어른의 아픔 때문에 쉽게 간과하고 마는 아이의 아픔을 바라보며 우리가 무관심으로 놓치고 살아가는 소중한 것들에 관해 이야기합니다.

수서의 어려움

『아기는 어떻게 태어날까?』
페르 홀름 크누센 글·그림
정주혜 옮김
담푸스

'이 책을 초등학교 도서관에 둘 수 있을까?' 『아기는 어떻게 태어날까』의 책장을 넘길수록 계속해서 끼어드는 나의 머릿속 질문이었다. 한때 여성가족부에서 지정한 '나다움' 책으로 선정되어 소셜네트워크에서 논란의 대상이 되었던 책이었다. 표지만 보아서는 뭐 그리 놀랄 만한 내용일까 싶었고, 내 아들이 어릴 때 자연스럽게 성교육을 한다고 활용했던 그림책 배빗 콜의 『엄마가 알을 낳았대』보다 더 충격적일까 싶었다. 예상은 빗나갔고 그림은 너무 적나라했고 수위가 높았다. 현재는 개개인의 성교육에 대한 인식 차이가 너무 커서 우리나라의 사회, 문화, 정서에는 논란의 대상이 될 수밖에 없었겠다 싶었다.

이 책에 대해 받은 충격으로 도서관에 둘지 말지를 고민을 하는 것도 알게 모르게 잠재된 성에 대한 나의 인식 때문일 것이다. 내가 제도권 교육에서 받은 성교육이라고는 추상적인 생물학적 지식 정도였다. 그 외 궁금증이 일어나는 부분은 어떤 경로를 통해 알게 되었는지 정확히 기억나지 않지만, 이렇게 어둠의 경로로 얻는 지식이 얼마나 밝고 바를까 싶다. 그렇게 교육받은 우리 세대는 아직도 자녀에게 성이라는 것을 어떻게, 얼마만큼, 언제 알려줘야 할지, 말을 꺼내는 것조차 부끄럽고 껄끄럽게 여기기도 한다. 아이가 궁금해하는 것을 민망스럽게 생각해 어떻게 답해야 할지 모르겠다고 말하기도 한다. 그만큼 과거 우리의 성에 대한 인식은 음지에 갇혀 있었고, 부끄러운 것이라 여겨졌고, 드러내어 놓고 이야기하는 것을 금기시해왔다.

1971년에 덴마크에서 출판된 이 책이 2017년이 되어서야 우리나라에 상륙한 것은 그제야 보수적인 한국 사회에서도 성교육의 필요성을 느끼고 받아들일 수 있는 때가 되었기 때문이 아닐까 생각한다. 그렇다면 이제 나는 이 책이 학교도서관 서가에 꽂힐 수 있을까를 고민해야 한다. 아이들은 도서관에서 '우리 몸'이라는 주제의 책 속 그림만 봐도 '변태'라고 외친다. 어떤 아이는 장난스럽게 낙서를 하기도 하고, 변태 책을 본다고 나에게 고발까지 한다. 심지어는 아무도 몰래 도서관 깊은 곳에 감춰 놓고 보는 아이도 있다. 나는 그런 것은 절대 변태가 아니라고 설명하고, 학교도서관에 나쁜 책은 있을 수 없다고 강조하지만, 소용이 없다. 이렇게 성에 대해 올바르게 교육을 받지 못한 아이들은 호기심에 인터넷을 포함한 각종 매체를 통해 무분별하고 잘못된 방식으로 성에 대한 지식을 습득하게 되고, 왜곡된 성 인식을 갖게 될 것이다. 이것이 어렸을 때부터 올바른 성교육이 필요한 까닭이고, 알아야 할 성적 지식을 돌려서 말하지 않고 있는 그대로 솔직하게, 자연스럽게, 직설적으로 가르쳐 주는 이 책을 환영해야할 까닭이다. 생물학적 성교육만으로 목말랐던 우리 아이들이 이 책을 당당하게 꺼내 볼 수 있기를 기대한다.

그럼에도 불구하고 이 책의 아쉬운 점은 '사랑'이라고 말하며 육체적 관계를 너무 '재미'로만 이야기하고 있다는 것이다. 책 속 등장인물들이 출산 상황에서 밝은 표정으로 너무나 의연하게 웃고 있는 모습도 현실적이지 못하다는 생각이 들었다. 산고를 직접 겪은 나로서는 받아들이기 힘든 장면이었다.

수서는 늘 어렵다. 따져보아야 할 것들이 너무 많다. 지혜의 왕 솔로몬이 세상 어떤 부귀영화보다 '지혜'를 원했던 것처럼 수서에도 늘 솔로몬의 지혜가 필요하다.

● 정수정

『아기는 어떻게 태어날까?』가 어른의 삶에 던지는 질문

어린이와 청소년을 위한 성교육에서 가장 중점적으로
다루어야 할 문제는 무엇일까요?

어른의 삶으로 동화 읽기

『브로콜리 도서관의 마녀들』 이혜령 글, 이윤희 그림, 비룡소

반에서 왕따를 당하는 소율이는 교실보다 도서관이 편합니다. 그런데 어느 날, 날마다 들리던 평범한 도서관이 신비로운 도서관이 됩니다.

사서 교사인 '백발마녀 샘'은 주름도 없는 얼굴에 머리카락만 새하얀, 신비로운 캐릭터입니다. 게다가 소율이는 도서관에서 휙휙 날아다니는 책들과 혼자 돌아다니는 금빛 구두를 목격하고, 그 구두의 주인이 꼬마 마녀 치치라는 것도 알게 됩니다. 그렇게 만난 치치와 소율이는 둘도 없는 친구가 되었고, 브로콜리 도서관은 소율이에게 위로를 주는 유일한 곳이 되지요.

그런데 흑주술을 완성하려는 대마녀 때문에 브로콜리 도서관에 위기가 닥칩니다. 도서관을 위기에서 구하는 치치와 소율이, 백발마녀 샘의 통쾌한 복수가 속을 후련하게 합니다. 도서관이 책을 읽는 곳일 뿐 아니라 위로가 되는 공간임을 확인할 수 있습니다.

삽질의 시간 – 나의 구덩이

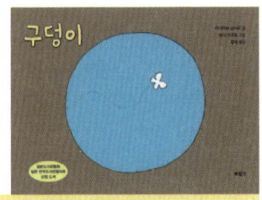

「구덩이」
다니카와 슌타로 글
와다 마코토 그림
김숙 옮김
북뱅크

워킹맘은 몸만 바쁜 게 아니라 마음도 늘 바쁘다. 뭔가 할 일이 여러 개 밀려있는 압박감을 느끼며 산다. 여유롭게 늘어져 게으름 부리는 날이 별로 없는 나는 머릿속에 일주일 치의 빡빡한 스케줄을 넣어놓고 그만큼의 스트레스를 안고 지낸다. 그래서인지 종종 교실에 자주 늦게까지 남아있는데 정작 내가 해놓은 결과물을 보면 그리 많지도 않아 보인다. 효율성 높은 인간은 아니구나 싶지만, 집에 가서는 더 효율이 안 나기 때문에 어쩔 수 없이 자발적으로 수당없는 야근을 하는 날이 많다.

평소는 그렇다 치고 문제는 유독 해야만 하는 일이 몰릴 때가 더 문제다. 다들 학생 때 그런 경험 있지 않나. 시험 기간에 방 정리를 하고, 책상 정리를 하면서 시간을 허비하느라 정작 시험공부는 벼락치기로 했던 것처럼, 지금도 발등에 불이 떨어지는 상황이 될 때까지 몰고 가는 경우가 많다.

해야 하는 일이지만 하고 싶지 않은 그 일을 하기 위해 내가 소모되는 게 너무 힘들고 싫어서 미루는 것 같다. 그 압박을 견딜 완충장치가 필요한데 나한테는 소중한 에어백 같은 그 시간이 다른 사람에겐 헛짓거리로 보일지도 몰라서 '삽질의 시간'이라 부르겠다.

좋아하는 그림책 『구덩이』에는 하루종일 삽질을 하며 구덩이를 파는 아이가 나온다. 주인공 히로가 구덩이를 파는 모습을 보고 가족과 친구들이 왜 구덩이를 파는지 묻는다. 그러나 이유 따위는 필요 없다. 그저 구덩이가 파고 싶을 뿐. 누구나 한 번씩은 너무 크지도 작지도 않고 내게 꼭 맞는 자신만의 공간을 파 내려가고 싶을 때가 있다. 그렇게 구덩이를 파다 보면 어느새 걱정이나 고민, 스스로에게 묻고 싶었던 질문들이 저절로 해결되는 것이다. '이건 내 구덩이야.'라며 구덩이를 다시 메우는 히로의 얼굴은 만족감으로 충만해 보인다. 삽질의 시간이 가져다주는 선물이다.

밀려드는 일로 마음이 힘들 때 퇴근 시간을 넘기고도 교실에 남아 허둥대는 마음을 다잡기 위해 애쓴다. 히로가 자기 구덩이에서 한참 동안 멍하니 앉아 하늘을 올려다보며 해방감과 충만감을 느낀 것처럼 나는 주로 퇴근 시간 이후 시간을 통해 히로가 구덩이를 판 것 같은 내 삽질의 시간을 즐긴다. 책장에 꽂아만 놓았던 책을 뒤적여 읽거나 온라인에서 책을 주문한다거나, 글을 쓰기도 하고, 교실에서 키우는 식물들을 살피며 분갈이를 할 때도 있다. SNS 속 지인들의 일상을 들여다보며 그들의 능력과 결과물에 자극받기도 하고 나는 앞으로 어떻게 살아야 하나, 부족한 점을 보충하기 위해 어떤 노력을 해야 할까 고민해보기도 한다. 머리 복잡한 게 싫을 때는 필사를 하거나 잠시 멍하게 있기도 한다. 이런 식으로 내 구덩이에 앉아있다가 이제 준비가 되었다 싶으면 구덩이를 메우고 진짜 해야 할 일을 시작한다.

"그냥 어떻게든 일부터 하고 일찍 퇴근하는 게 나은 거 아냐?"라고 말하는 사람도 있겠지만 그렇지 않다. 남들 보기에는 한심해 보여도 이게 나를 지키며 나를 나답게 유지하는 방법이다. 나를 위한 삽질의 시간을 통과해야만 덜 지치고 덜 소모된다. 연이어 맡게 된 학년 부장 생활 5년 동안 두 아이를 키우며 워킹맘으로 사느라 지치고 피폐해진 몸과 마음을 추스르며 버텨온 나만의 방법이다.

힘들게 팠던 구덩이를 다시 메우는 히로의 마음을 알 것 같다. 이만하면 되었다 싶은 순간에 구덩이를 덮어버리면 아무 일도 없었던 것처럼 보이지만 마음은 한껏 만족스럽게 채워진 그 느낌 말이다. 자기만의 구덩이에 들어가 나를 찾는 시간을 가져본 적이 없는 사람들은 다시 덮을 구덩이를 왜 파는 건지, 그리고 덮어놓은 그 자리는 처음과 달라진 게 없어 보이는데 무슨 의미가 있는지 모를 수 있다. 그러나 히로와 나는 안다. 구덩이를 파기 전과 구덩이를 파고 다시 덮은 후의 마음이 절대 같지 않음을. 보이지는 않지만 분명히 달라진 것이 있다는 것을.

한 주 내내 늦게까지 교실에 남아있었더니 옆반 선생님이 퇴근 길에 교실 문을 빼꼼 열고는 나를 걱정하셨다.

"부장님~ 대체 왜 계속 늦게 가세요? 너무 일만 하지 말고 얼른 가세요~"

이해할 수 없다는 얼굴로 바라보는 그녀에게 말없이 웃으며 마주 손을 흔들어주었다. 그리고 마음속으로 대답했다.

'응, 내 구덩이에 조금만 더 들어앉아 있다가 메워놓고 갈게.'

● 김진향

『구덩이』가 어른의 삶에 던지는 질문

내 삶에 안식처가 되는
나의 '구덩이'는 무엇인가요?

어른의 삶으로
동화 읽기

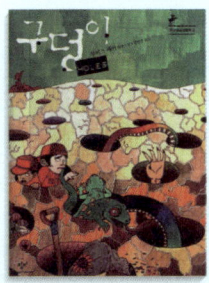

『구덩이』 루이스 새커 글, 김영선 옮김, 창비

　학교에서 따돌림을 당하는 뚱뚱한 소년 스탠리, 가정 형편이 어려워도 가족은 서로 아낍니다. 그러나 어느 날, 스탠리는 우연히 하늘에서 떨어진 신발 때문에 도둑 누명을 쓰게 되고, 지옥 같은 사막에 끌려가 '구덩이'를 파는 강제 노동에 시달립니다. 하지만 비참한 상황 속에서 스탠리는 오히려 자신의 잠재력에 눈을 뜨고, 신체적으로나 정신적으로 성장하는 모습을 보입니다.
　대대손손 이어지던 가문의 저주, 그 비밀스러운 이야기가 뜻밖에도 소년원의 강제 노동 중에 밝혀지고 운명과 인연의 끈으로 이어진 소중한 친구를 만나게 됩니다. 과거와 현재를 잇는 기발한 사건으로 짜릿함을 선사하는 이 이야기를 읽고 있으면 운명은 결코 주어지는 것이 아니라 만들어 가는 것임을 깨닫게 됩니다.

나의 소중한 취미? 생활

『그래봤자 개구리』
장현정 글그림
모래알

며칠째 엉킨 실타래의 끝을 붙들고 살살 풀어 보자는 심산으로 매달려보지만, 여전히 머릿속의 복잡한 생각들은 한 줄 문장으로도 그 모양새를 보여주질 않는다. 청년 시인 동주는 시가 쉽게 씌어지는 것이 참 부끄럽다고 했거늘 나는 며칠째 눈을 끔뻑이며 컴퓨터 안에 깜빡이는 커서만 보고 있자니 안구건조증에 걸릴 판이다. 예전 같으면 폼나게 글 쓰던 종이라도 구겨서 던지는 일명 작가 허세라도 떨어볼 텐데 편리한 디지털 세상에는 그런 맛도 없다. 펜은 칼보다 힘이 세다고 했던가. 나는 겁이 많은 소심쟁이라 글을 쓰는 게 태생적으로 맞지 않는 것 같다고 슬쩍 발뺌해보기도 한다. 글쓰기의 어려움으로 인한 좌절감에 나의 마음도 잔뜩 움츠러져 그림책 속의 한 장면으로 비집고 들어가 위로를 받는다.

입을 떡 벌린 채 무섭게 쏘아보는 뱀과 커다란 새의 부리. 포식자들의 냉소적인 시선이 섬뜩하다. 시꺼먼 수풀 구석에 웅크리고 있는 작은 개구리의 모습이 애처로운 그림책 『그래봤자 개구리』이다. 자신이 누구인지 몰라 정체성의 혼란을 겪던 개구리는 포식자들에게 끝없이 비웃음을 당한다. '그래봤자, 개구리'라고. 기죽은 개구리의 모습에서 서글픈 동질감을 느낀다.

　나의 무릎 위에서 매일같이 잠자리 독서를 하던 아이들이 글을 깨우치고 제 생각으로 조근조근 입을 떼어가자 한때 국어교사였던 나의 직업병은 다시금 슬슬 돋아나기 시작했다. 평소 옷 욕심, 가방 욕심은 다행히 없었지만, 근원도 모를 책 욕심에 새 책, 중고 책 가릴 것 없이 사들인 덕분에 결혼 초기만 해도 썰렁하던 책장에 장르 불문 책들과 그림책들이 빼곡하니 자리를 잡았다.

　'좋아, 책은 충분하니 아이들과 그림책도 읽고 관련된 독후 활동도 해보면 참 좋겠다.'

　하지만 혼자서 하자니 이런저런 일들에 책 읽기 활동은 우선순위에서 밀렸고 무엇보다 지속성을 가지기가 힘들었다. 그래서 뜻이 맞는 아이의 또래 친구 엄마들과 함께 매주 만나 책도 읽고 관련된 독후 활동도 하는 엄마표 수업이 시작되었다. 그 후 모임을 좀 더 활성화하려고 지역공모사업 예산을 따와 글쓰기 및 독서지도 수업 과정을 지역 주민들과 함께 열기도 했다. 코로나로 지역 도서관 이용이 어려울 때는 함께 '학년별 책 꾸러미'를 만들어 돌려주며 읽고 질문 카드를 작성하는 활동도 했다. 그 당시는 힘든지도 모르고 했던 일이지만 다시 돌아보니 그땐 무언가 갈급한 마음에 지금보다 몸의 에너지가 확실히 빨리 돌아서 가능했던 것 같다. 힘들기는 했지만 즐거운 기억으로 남아있다.

그 사이 콩나물시루에 물 주듯 눈에 확 띄지는 않지만 꾸준히 해오던 책 수업과 독서 모임 등을 통해 지금은 지역의 도서관에서 다양한 독서 기반 컨텐츠로 수업을 열고 비대면 줌 수업도 꾸준히 하고 있다. 가끔 직업을 표시해야 하는 칸이 있을 때면 반은 '주부' 또 반은 '강사'의 비율로 채우는 것 같다. 일에 완전히 모든 시간을 쏟을 수는 없고 아이들이 하교한 시간 이후는 엄마 모드로 발 빠른 전환이 필요한 삶. 때론 버튼 하나씩이 오작동 되기도 하는 일상이지만 그래서 하루하루가 더 바쁘게 지나간다. 나는 그 이유가 '일'을 하기 때문이라고 생각했다. 단 한 사람, 그가 직업의 정의를 정확히 짚어주기 전까지는.

'직업: 생계를 유지하기 위하여 자기 적성과 능력에 따라 일정한 기간 계속하여 종사하는 일'

사전에서 말하는 직업의 정의란. 생계를 유지한다는 것은 참 중요한 일이다. 자신이 하는 일로 가족들의 생계를 유지 시킨다는 것은 얼마나 숭고한 일인가. 그러니 굳이 '직업'의 정의를 들먹이지 않더라도 그의 기준에서 나는 직업을 가진 사람이라기보다 생계에 딱히 도움이 안 되는 것에 열정을 쏟는 사람이다.

"그럼 내가 하는 이건, 일이 아니고 뭔데?"

"그거 좋아서 하는 거잖아, 그건 취미지."

아! 나는 내가 하는 일에 대한 새로운 관점을 하나 더 갖게 되었다. 취미라… 하하하

책과 글로 배우고 나누는 삶이 녹록지 않아서 몇 날을 글 한 편에 끙끙거릴 때면 '그래봤자'라는 열패감에 휩싸이기도 한다. 하지만 얄팍한 가벼움이 만연한 시대에 비록 한 치일지라도 책과 글로 파고드는 삶을 살아갈 수 있음은 얼마나 감사한 일인가. 취미가 절로 생계까지 책임질 수 있고, 또 생계를 책임지는 그의 무게감이 점차 가벼워져서 취미를 즐기는 그런 삶의 마법이 나와 그에게도 꼬옥 찾아와 주기를 바라본다.

그림책 속 개구리가 온갖 시련 속에서도 폴짝 뛰어오르며 "그래, 나 개구리다!!!"라고 외친 것처럼 인정할 건 인정하며 나도 후련하게 외친다.
"그래, 나 취미 생활한다!!!"
그리고 뒤이어 작게 덧붙인다. "고마워, 덕분이야"

● 이은경

『그래봤자 개구리』가 어른의 삶에 던지는 질문

그래, 나 ○○○다!!!
당신을 드러낼 수 있는 말은 무엇인가요?

어른의 삶으로 동화 읽기

『열두 살 장래 희망』 박성우 글, 홍그림 그림, 창비

어린이를 위한 장래 희망 안내서. '직업'이 아니라 '꿈'에 초점을 맞추어 행복한 미래를 만들어 가기 위한 서른 세개의 장래 희망이 담겨있는 책입니다.

"너는 장래희망이 뭐니?"라는 물음에 우리는 어떤 대답을 할까요? 우리가 말하는 장래 희망에 진짜 우리의 꿈이 담겨있는지 돌아보게 하는 책입니다. 장래 희망이 꼭 직업일 필요는 없습니다. 직업은 삶의 한 부분일 뿐이며 그래서 장래 희망은 꼭 하나가 아니라 여러 개를 품을 수 있습니다.

'내 마음을 잘 표현하는 사람이 될 거야!' '다른 사람과 함께 즐겁게 살아가고 싶어!' 등 삶의 중요한 가치를 깨닫고 자신뿐만 아니라 다른 사람, 공동체와 더불어 살아가는 미래를 꿈꾸게 해줍니다.

오만과 겸손

『꽃을 선물할게』
강경수 글그림
창비

'저 사람 뭐야. 왜 저래?', '난 저 정도는 아니지? 좀 심한데. 안 그래?'

'살면서 저러지는 말아야지. 진짜 너무 한다.'

이 말은 과거에 내가 종종 썼던 말들이다. 이 표현들 속에는 내가 남보다 우위에 있고, 난 별로 잘못이 없고, 실수하지 않는다는 의미를 담고 있다. 또한 잘못한 상대를 비난하며 나는 절대 그렇게 되지 않을 거라는 미래예언적이고 무모한 자기 확신까지 용감무쌍하게 담겨있다. 열심히 살아왔고 나름 교육받은 가치대로 바르게 살아가고자 노력하기에 '내가 옳고 바르다'라는 바벨탑이 높이 높이 쌓여 올라가고 있다는 것을 인식하지 못하던 시절이었다.

공동체 속에서 일하며 비슷한 형편에 처한 사람들끼리 업무적으로 원활하게 일하고자 공식적인 친분을 쌓아간 적이 있다. 서로 보이지 않는 교통 정리 속에서 밀어주고 당겨주는 우애도 보이면서 뭔가 끈끈해지기까지 했다. 그런데 그 그룹 안에서 몇 사람이 자신들의 눈에 거슬리는 사람의 밉살스러운 행동을 보고 공분을 토로하며 토끼몰이를 시작했다. 물론 상대의 잘못도 있었겠지만, 그를 곤혹스럽게 만들 목적으로 '카더라 통신'과 '아니면 말고' 식의 말들도 만들어졌다. 또한 상대가 속한 모든 상황을 왜곡되게 해석하여 부정적인 여론을 만들어 가기도 했다. 이간질과 거짓말이 가득 찬 공갈빵들은 그 사람을 괴롭히고, 집단 속에서 건강하지 못한 세력을 형성했다.

그 상황에서 난 무엇을 하고 있었나? 무리의 말도, 몰리는 상대의 말도 중립적으로 들어주어야 했지만, 적극적으로 그런 상황을 막지 못했다. 입바른 말을 하게 되었을 때, 나 또한 저 사람들에게 토끼몰이 대상이 되어버릴 것 같아 두려운 마음이 앞섰음을 부끄럽지만 이제야 고백한다. '의로운 것을 지키고 바르게 살아가는 사람'으로 살아가고 있다는 대승적인 나의 모습은 어디로 가버리고, 그들의 타켓이 되지 말아야겠다는 생각에 비겁한 모습으로 조용히 침묵하며 방관했다.

이듬해 업무적으로 그들과 다시 협업해야 할 일이 생겼다. 처음엔 좀 협조적으로 보이던 그들은 업무를 주도하는 내가 눈에 거슬리기 시작했던지 조용히 판을 짜기 시작했다. 은밀하게 상대를 조이는 토끼몰이 방식을 이미 옆에서 지켜보았었기에 내가 어떻게 몰려가고 있는지 점점 더 느낄 수 있었다. 소외감과 분노가 차올랐지만, 덫에 걸린 동물처럼 그저 힘든 신음 소리만 낼 뿐이었다.

그림책『꽃을 선물할게』에서 거미줄에 걸린 무당벌레는 지나가는 곰에게 자신을 살려줄 것을 처절하게 간청한다. 하지만 곰은 자연의 법칙을 거스를 수 없다고 하기도 하고, 거미는 모기를 잡아주는 좋은 동물이라고도 하며 무당벌레의 부탁을 거절한다. 곰의 연속된 거절에도 무당벌레는 굴하지 않고 자신도 꽃에 있는 진드기를 잡아먹는 좋은 벌레라고 주장한다. 여자 친구에게 꽃을 선물하게 해줄 수 있다는 이유로 곰의 마음을 움직인다.

자연의 법칙을 거스를 수 없다는 대승적인 이유로 무당벌레의 간절한 부탁을 거절했던 곰의 첫 번째 이유와는 달리 거미가 자기 피를 빨아먹는 모기를 잡아준다는 두 번째 이유는 지극히 개인적으로 보인다. 더군다나 자신의 여자 친구가 좋아하는 꽃을 선물해줄 수 있다는 무당벌레의 말에 넘어가 무당벌레를 살려주다니 당황스럽다. 곰은 처음에는 집단 속의 표면적, 잠재적 질서를 존중해야 한다는 이유로 거미줄에 걸린 무당벌레를 도와주지 않았다. 그 후엔 거미가 자신에게 좋은 동물이기에 거미를 그냥 두어야 한다며 무당벌레를 도와주지 않았다. 하지만 그 기준들은 여자 친구에게 꽃을 선물해 줄 수 있다는 무당벌레의 말에 모두 무너지고 말았다.

내가 겪었던 일이 주마등처럼 스쳐 지나가면서 곰의 모습을 한 그 무리와 나의 모습을 떠올려본다. '나름대로 의리 있고 바른 기준을 가지고 옳지 않은 것에 대해 당당하게 소신을 굽히지 않는다.'고 생각했던 내 모습은 비겁한 쫄보처럼 두려워서 나서지 못하는 내가 되어 있었다. 토끼몰이 당하던 그는 거미줄에 걸린 무당벌레처럼 애잔하게 자기 편을 들어줄 누군가를 찾았지만, 손 내미는 사람이 없어서 소외감과 분노를 품고 신음 소리를 내고 있지 않았을까. 나는 토끼몰이를 하던 그 무리들을 향해 '저건 정말 해서는 안 되는 행동인데' 생각만 하면서 '나는 저러지 말아야지'라고만 되뇌었다. 하지만, 그때 어려움을 당하던 그에게 나는 비겁한 곰과 다를 바 없었을 것이다.

일련의 사건이 지나고 난 후, '난 절대 안 그래, 난 옳아'라는 잘못된 자기 확신의 신념이 얼마나 부끄러운 오만이었는지 알게 되었다. 아직도 나는 내가 속한 공동체 안에서 열심히 일하며 살아가고 있다. 그러나 예전과 달라진 것이 있다면, 머리를 숙이고 무릎을 굽히며 내 안에 곰도, 무당벌레도, 꽃도, 거미도 들어있음을 인정하고 하루하루 지혜롭고 겸손하게 살아가는 내가 되길 간절히 바라며 산다.

● 김태은

『꽃을 선물할게』가 어른의 삶에 던지는 질문

곰곰이 생각해봅시다.
내가 베푼 선의는 나를 위한 것인가요, 타인을 위한 것인가요?

어른의 삶으로 동화 읽기

『내 탓이 아니야』 레이프 크리스티안손 글, 딕 스텐베리 그림, 김상열 옮김, 고래이야기

　어떤 사건이나 주장에 대한 침묵은 암묵적 동의나 동조가 될 수 있습니다. 우리 주변에서는 불합리하고 부조리한 일들이 종종 벌어지지만 두려워서 또는 나랑 상관없으니까 그냥 지나치는 경우가 많습니다.

　『내 탓이 아니야』는 왕따 문제만을 다룬 책이 아닙니다. 대중의 책임에 관해 생각해볼 수 있는 책입니다. 이야기는 옆에서 아무 일도 하지 않았다고 해서 책임을 면제받을 수 있는 것이 아니라고 말합니다. 단순한 일러스트와 색채 없는 그림 속에 내 탓이 아니라고 말하는 한 아이, 한 아이의 목소리를 듣다 보면 하얗게 배경없는 그림책 속 등장인물들이 왠지 더욱 섬뜩해집니다. 그림책은 외면하고 싶은 진실-전쟁, 환경 파괴, 성차별, 장애인 인권 등-들을 피하지 말고 똑바로 쳐다보라고 따박따박 이야기합니다.

아직 남은
이야기

오늘은 천천히, 때로는 빠르게 가지만
소중하게 보내지 않으면
영원히
사라져버린답니다.

『오늘 상회』(한라경 글, 김유진 그림, 노란상상) 중에서

그림책을 읽는 이유

『미어캣의 스카프』
임경섭 글그림
고래이야기

각종 테라피가 유행이다. 아로마테라피, 요가테라피, 원예테라피, 컬러테라피 등 다양한 방법의 테라피가 유행하는 만큼 스트레스를 받는 사람들이 많다는 게 아닐까. 힘든 세상살이에 지친 몸과 마음의 스트레스를 풀고 힐링하기 위해 자기에게 맞는 해소 방법을 찾는 것이다. 평소 책과 책 모임을 워낙 좋아하다 보니 함께 그림책을 읽고 마음을 나누는 시간이 나에게는 그림책테라피였다.

그림과 짧은 글이 어우러져 해석의 여지가 많은 그림책을 읽으면 그때그때의 상황과 마음에 따라 와 닿는 구절과 장면이 달라진다. 그림책은 마음을 건드리기도 하고 치유 받는 느낌을 선물해주기도 한다. 혼자 읽을 때도 좋지만 여럿이 함께 읽고 이야기 나누면 더 풍성하게 읽어낼 수 있다. 그리고 나만 힘들고 외로운 게 아니라 누구나 자기만의 고민을 품고 살아간다는 사실이 더 큰 위로가 된다. 아름다운 그림과 문장에 감동하고 마음이 말랑해지기도 하지만, 때로는 머리를 띵하게 할 만큼 크고 깊은 깨달음을 얻을 때도 있다.

제목이 독특한 그림책『미어캣의 스카프를』읽었을 때가 그랬다. 불편한 진실을 결국 마주하게 된 기분이랄까. 표지에는 다소 우울해 보이는 미어캣 세 마리가 모두 붉은색 스카프를 두른 채 나란히 서 있다. 스카프가 휘날려 옆에 있는 미어캣의 한쪽 눈을 가린 모습이 똑같아서 세쌍둥이처럼 보이기도 한다. 미어캣은 무리를 이루어 사는 것으로 잘 알려져 있는데 무리를 지어 산다는 것은 서열과 경쟁이 존재함을 의미하기도 한다. 그리고 서열과 경쟁이 있는 사회에서는 이런저런 문제가 생길 수밖에 없다.

어느 날 미어캣 한 마리가 스카프를 두른 채 여행에서 돌아오면서 무리에 변화가 일어나기 시작한다. 그 미어캣은 '스카프를 두르면 더 행복'해질 테니 자기에게 먹이를 가져오라고 한다. 그러면 스카프를 주겠다고. 먹이를 가져다주고 스카프를 얻은 미어캣들이 하나둘 늘어가자 스카프를 가지지 못한 미어캣들은 점점 조바심이 나고 상대적 박탈감을 느낀다. 미어캣 마을은 자본주의가 지배하는 사회가 되어버린다. 미어캣에 인간을 대입하면 이 책이 말하고자 하는 바가 명확하게 보인다.

"남들은 다 있는데 나만 없어.", "남들은 다 하는데 나만 못해.", "남들은 다 해외 다녀왔는데 나만 못 갔어."

남들과 같아지기 위해 더 많이 소유하려고 아등바등 애쓰고, 더 많이 일하느라 지금 누릴 수 있는 작고 사소한 즐거움과 행복을 뒤로 미룬 채 살아간다. 언젠가 더 큰 만족을 누릴 수 있을 것을 막연히 기다리느라 눈앞에 행복을 놓치고 산다.

　미어캣 무리에서 유행하는 스카프의 색깔은 계속 바뀌었다. 바뀔 때마다 미어캣들은 새로운 스카프에 안달한다. 새로운 흐름과 기준을 맹목적으로 따르는 인간들을 보는 것 같아 마음이 너무 불편했다. 솔직히 말하면 나를 보는 것 같아서 더 불편했다.
　일 년에 한 번쯤은 해외여행을 다녀와야 하고, 아이들 교육은 이 정도 시켜야 하고, 요즘 유행하는 스타일의 옷과 물건은 몇 개쯤 갖고 있어야 한다는 세상의 기준과 그 틀 안에 나를 넣기 위해 애를 썼다. 그 기준안에 들어갔다는 생각이 들어야 안도했다. 그러나 아주 잠깐일 뿐 세상의 기준은 계속 높아지기만 했다.

　또 다른 스카프를 찾아 많은 미어캣이 무리를 떠났다. 황폐해진 터전에는 남은 미어캣들끼리 어울려 살고 있다. 떠날 수조차 없는 여건인지, 용기가 없어서인지 모르겠지만 남은 미어캣들은 그들 나름대로 즐거운 시간을 만들며 살아간다. 버려진 스카프를 주워 만든 실타래를 풀며 노래 부르는 장면은 인상적이다.

　"돌돌돌 마음을 놓자, 돌돌돌 시간을 놓자."
　돌돌돌~ 돌돌돌~ 입안에서 굴리며 발음해 보았다. 마음속에서 뭔가가 다정하게 굴러가는 기분이 들었다. 서로가 다른 모습 그대로를 인정하며 서로 마음을 건네고 시간을 보내면 더 자주, 더 오래 행복할 수 있을 텐데. 돌돌돌~ 돌돌돌~ 다정하게 마음과 시간을 놓으면서 말이다. 나만 특별해지기 위해 특별한 물건을 소유하고 과시하면 잠깐은 우쭐하고 행복한 기분이 들겠지만 그런 얄팍한 행복은 오래가지 못한다.

뭔가 소유하기 위해 애쓰면 애쓸수록 결국 그것이 나를 옭아매게 될지도 모른다는 것을 나도 안다. 표지에 나온 미어캣들처럼 제대로 앞을 보지도 못하고 한쪽 눈을 가린 채 반쪽 인생을 살게 될지도 모른다. 풀어내고 놓아주면 자유로울 수 있음을 잊지 말자. 아이들에게도 자주 말해주어야겠다. 남들과 같은 스카프를 매지 않아도 된다고.

그림책은 자꾸만 나를 생각하게 한다. 때론 내 마음을 불편하게 하는 방식으로, 또는 나를 온전히 위로하는 메시지로. 그래서 그림책을 읽는다. 그림책이 내 앞에 돌돌돌 놓아주는 마음과 시간 덕분에 힘내서 조금씩 더 앞으로 나아가고 있는 중이다.

● 김진향

『미어캣의 스카프』가 어른의 삶에 던지는 질문

갖고 싶은 욕심으로 내 눈을 가리는
'미어캣의 스카프'와 같은 것은 무엇인가요?

어른의 삶으로 동화 읽기

『설이』 심윤경, 한겨레출판

　12년 전 함박눈이 쏟아지는 새해 첫날 새벽, 음식물 쓰레기통에 버려진 갓난아기로 발견된 설이. 세 번의 입양과 파양을 겪으며 상처받고 영악해진 설이의 시선이 세상의 부조리함을 날카롭게 관찰합니다.

　부모들은 누구나 내 아이를 최고로 키우고 싶어 합니다. 그래서 남들이 좋다고 하는 건 다 사고, 다 시키고, 다 해주려고 합니다. 내 아이만 뒤처지는 것 같아서, 누구보다 내 아이를 앞서가게 하려고, '맹모삼천지교'처럼 학군 좋은 곳으로 이사하는 것도 서슴지 않습니다.

　'아이를 진정으로 사랑한다는 것은 무엇일까?' 대한민국 부모들에게 여러 질문을 던지는 이야기입니다. 고학년용 동화에 가까운 소설판 〈SKY 캐슬〉이라 할 수 있습니다.

아직 남은 이야기

당신 덕분입니다

『우리가 잠든 사이에』
믹 잭슨 글
존 브로들리 그림
김지은 옮김
봄볕

"아~ 오늘 하루도 잘 끝났다."

잠자리에 누울 때 습관적으로 감탄사와 함께 내뱉는 말이다. 하루가 길고 고단해서 몸과 마음이 무거운 날도 있고, 즐겁고 감사한 기분으로 하루를 마친 날도 있지만 어쨌든 이제 몸을 뉘어 쉴 수 있다는 그 안도감이 너무 좋다. 하지만 고요한 밤 내가 하루를 마무리하는 이 시간, 누군가는 일과를 시작할 것이다.

『우리가 잠든 사이에』라는 그림책의 첫 장도 '아! 아늑한 이불 속으로 들어가는 건 참 좋아.'라고 시작한다. 이렇게 편안한 밤을 누릴 수 있는 것은 다른 많은 이들의 수고로움 덕분인 것을 우리는 자주 잊는다.

코로나로 인해 외출을 자제하다 보니 주로 인터넷으로 먹거리며 생필품 등을 주문하곤 했다. 워킹맘에게 로켓배송이나 새벽 배송의 편리함이 주는 만족감은 이루 말할 수가 없다. 잠들기 전 인터넷 쇼핑몰에서 음식이나 재료를 훑어보고 두 아이가 먹을 끼니나 간식 등을 골라 담아 주문한 뒤 안심하고 잠들었다. 다음 날 일어나 무의식적으로 집어 드는 스마트폰에는 문 앞으로 박스 몇 개가 새벽 배송 완료되었다는 문자와 사진까지 친절하게 전송이 되어 있다. 그걸 보고 나면 새삼 우리나라의 배송 시스템과 속도에 놀라면서도 한편으로는 미안한 마음이 든다.

내가 주문을 완료하고 편하게 잠자리에 눕는 그 순간부터 발주를 넣고 물건을 챙기고 포장하고, 어둡고 위험한 밤거리를 달려 내 집 앞에 배송 완료하기까지 애써준 많은 이들에게 일일이 인사라도 드리고 싶다. 고맙다고, 그리고 미안하다고. 그런 생각이 많이 들 무렵 결국 무리한 배송량과 과로 등으로 세상을 떠난 배송 기사들의 소식이 연이어 들려왔다. 그들 몫의 잠과 시간을 물건값으로 치른 불편한 마음을 떨칠 수가 없었다. 그래서 한동안 고민한 끝에 내린 결정은 새벽 배송을 선택하지 않는 것이었다. 꼭 급하게 새벽에 받지 않아도 되니 일하시는 분들이 조금 덜 위험하고, 조금 더 여유 있고 안전하기를 바라면서.

『우리가 잠든 사이에』는 깜깜한 밤을 지키고 묵묵히 자기 몫을 해내는 사람들을 보여준다. 열차와 버스 청소부, 화물 트럭 운전자, 편지와 택배를 분류하고 배달하는 분, 24시간 운영되는 식당이나 마트에서 일하시는 분, 소방관과 간호사까지. 그분들의 노고에 절로 숙연해지고, 그 밤의 시간이 부디 너무 고되지 않기를 기도하게 된다.

이어지는 페이지에는 드문드문 불 켜진 유리창에 아기를 안고 있는 사람들의 그림자가 보인다. 수시로 깨어 쪽잠을 자는 아기 엄마와 아빠에 관해 이야기한다. 밤을 지키며 일하는 분들도 있지만 새로운 생명을 키워내느라 긴 밤을 보내는 부모들에게도 박수를!!

하루가 절대 끝나지 않을 것같이 무겁고 피곤했던 수많은 밤을 떠올려 본다. 학창 시절 시험 기간에도 밤샘하지 못했고, 남들이 밤새우며 놀 때 늦은 새벽에라도 잠은 꼭 자야만 했던 내가, 두 아이를 키울 때는 어떻게 그럴 수 있었을까 싶다. 아이를 살피느라 수시로 깨고 잠귀는 열렸고 눈은 반쯤 뜬 채로 선잠을 자며 보냈다. 몹시 고단한 날들이었지만 하루가 다르게 커 가는 아이의 모습 덕분에 그 시간을 견딜 수 있었다. 세상에 모든 부모들이 이렇게 피로가 가득한 밤을 통과하며 아이들을 키워냈을 것이다. 이 아이들이 건강하고 눈부신 낮을 누리며 세상을 이롭게 하는 어른으로 자라기를 소망하며.

그림책을 다 읽고 나면 고단한 밤의 일과를 마친 이들이 아늑한 이불 속에서 낮동안 푹 잘 수 있기를 바라게 된다. 부디 꿈속에서도 편안하기를! 서로의 낮과 밤을 지켜주며 순환되는 삶으로 이 세상이 유지되고 있다는 것을 부디 잊지 말자.

● 김진향

『우리가 잠든 사이에』가 어른의 삶에 던지는 질문

세계는 유기적 연결을 통해 존재하고 발전합니다.
나의 평안을 위해 움직이는 이들은 누가 있을까요?

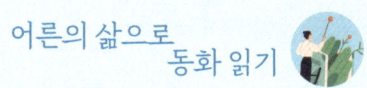

어른의 삶으로
동화 읽기

『한밤중 달빛 식당』 이분희 글, 윤태규 그림, 비룡소

　『한밤중 달빛 식당』은 밤의 판타지입니다. 밤에만 모습을 드러내는 '한밤중 달빛 식당'에는 앞치마를 입은 두 마리의 여우가 손님을 맞이합니다. 여우가 운영하는 식당이라는 것보다 더 이상한 점은 돈이 없어도 '나쁜 기억'만 있다면 음식을 사 먹을 수 있다는 것입니다. 지워버리고 싶은 기억을 이야기하면 여우들은 기꺼이 맛있는 초코 시럽 푸딩이나 딸기 생크림 케이크를 내어줍니다. 그리고 달빛 식당에 털어놓은 사연들은 기억에서 완전히 사라집니다.
　저마다의 사연으로 '한밤중 달빛 식당'으로 모여든 사람들, 나쁜 기억이 모두 사라지고 행복해질 수 있을까요? 어떤 기억을 간직할지, 잊고 살아갈 것인지는 본인의 선택이지만 모든 기억에는 소중한 무언가가 숨어 있다는 깨달음을 줍니다.

오늘은 내게 주어진 선물

「오늘 상회」
한라경 글
김유진 그림
노란상상

나는 나 자신이 현재를 열심히 살아가는 사람이라고 생각했다. 그런데 자세히 들여다보니 '미래를 위한 준비'라는 명목으로 현재의 행복을 찾지 못하고 미래에 대한 불안과 두려움을 짊어진 채 살았던 적도 많았다. 그뿐만 아니라 깔끔하게 정리되지 못한 과거의 상처나 기억 때문에 많이 괴로웠던 내 모습을 보게 되었다.

전문직 시험을 위해서 여러 해 이것저것 준비하면서 바쁜 삶을 살았었다. '이건 필요한 거니까', '지금 이렇게 해야 나중에 편할 거야', '이것도 해두면 나쁘지 않을 거야'라는 말들로 나를 점점 더 바쁘게 만들었고, '이건 정말 중요하네', '하다 보니 이것도 재미있고 즐거워.'라며 감당해야 하는 일을 점점 더 포화상태로 늘려갔다. 해야 할 일들을 장소와 시간에 따라 빽빽하게 적어놓고, 하나씩 지워가면서 살아가는 내 모습에 스스로 만족해하며 살기도 했다.

하지만, 미래에 대한 불안과 스트레스로 인한 두통, 소화불량, 역류성 식도염, 근육통, 순환 장애 등 여러 가지 질병들이 몰아쳤다. 쉼 없이 달리는 것에 익숙해져서 조금의 휴식 시간에도 무엇인가를 해야 한다는 강박으로 매일 책을 읽고, 기록하고, 각종 연수 프로그램과 연구회 모임으로 주어진 시간들을 빼곡히 채우고 있었다. 손이 닿는 어느 곳이든지 새로운 담론과 이슈가 되는 책들이 쌓여있었고, 무엇인가를 꼭 얻어내고야 말겠다는 결연한 의지를 실어 초시계를 들고 뛰고 있었다.

그러는 사이 나는 가정에서 남편과 아이들에게 내 열심에 대한 당연한 권리를 받겠다는 양, 배려와 희생을 암묵적으로 요구하고 있었다. 무엇이든지 초인적으로 살아내려는 나의 바쁜 열심은 아이들과의 대화 시간을 자연스럽게 줄어들게 했다. 오히려 마음을 알아달라는 사춘기 아이들에게 할 일을 체크하고, 채찍질하는 교관같은 엄마가 되어 있었다.

미친 듯이 노력하면 다 이루어질 수 있다는 신념이 '참'이 아니라는 것에 직면했다. 그 결과 나는 부끄럽지만 어리석게 살아온 내 모습을 인정하게 되었다. '오늘'이라는 단 하루에만 받을 수 있는 선물이 엄청 많이 쌓여있는데도 풀어 보지도 않고, 대신 앞으로 올 선물의 크기와 모양과 시기에 대해 궁금해하며 지금의 나를 헐벗고 배고프게 했다. 눈앞에 있는 최고의 선물들을 제대로 펼치지도 않고, 느끼지도 못하면서 왜 나는 이렇게 바쁘고 힘드냐고 푸념하고, 외로워하고, 삶이 고달프다고 투덜대기까지 했다. 몸은 현재에 있으면서 내 마음은 과거와 미래를 들락날락하느라 현재만이 느낄 수 있는 공기, 햇살, 향기, 관계 등을 놓치고 있었다.

아프고 난 후에야 나는 '오늘'을 온전히 느낄 수 있는 감각이 살아나게 되었다. 일상 안에서 투정 부리는 사춘기 아들의 여드름도 보이고, 거실 창을 통해 내리쬐는 햇살의 따사로움도 느낀다. 추위를 담은 공기가 코끝과 귓속을 파고들 때의 쌀쌀함이 내가 살아있음을 느끼게 해주고, 하루를 마무리하면서 남편과 나누는 커피 한 잔을 머금은 대화 속에서 안정된 평화를 선물 받는다.

앞으로 살아갈 나의 사계절은 더욱 풍성하게 다가올 것이기에 무척 행복하다. 싱그러운 봄꽃이 흐드러지게 필 때 느낄 수 있는 향긋한 봄 내음도, 뜨거운 햇살 아래 가족들과 함께 먹는 수박 한 조각도, 알록달록 단풍이 물들어가는 가을 숲길의 고즈넉함도, 쌀쌀한 겨울바람에 흔들리는 앙상한 나뭇가지의 겨울눈도 내게 주어진 귀한 선물들임에 감사하다. 오늘만 허락되는 햇살 한 광주리, 바람 두 꼬집, 사랑 석 잔, 마음 넉 자, 관계 다섯 아름드리 등이 무엇과도 바꿀 수 없는 큰 선물들이었다는 것을 비로소 깨닫게 되었다.

나는 매일 매일 '오늘 상회'에 간다. 눈을 감고 따스한 햇살과 상쾌한 바람을 느끼며 오늘 피어난 꽃과 오늘 더 자란 풀 향기를 깊이 들이마시며 내가 살아있음을 느낀다. 매일 새롭게 주어지는 '오늘'이라는 시간을 오래 오래 기억하기 위해 천천히 음미해가며 아껴 마시고 싶다. 날마다 주어지는 '오늘'을 마시며 새로운 오늘을 느끼는 그림책 속 할머니의 모습에서 평온함의 여유를 보았다. 나 또한 온전히 그 평온함의 여유를 누리기를 바라는 마음을 담아, 주어진 오늘이 있음에 감사하는 기도를 드리게 된다.

● 김태은

『오늘 상회』가 어른의 삶에 던지는 질문

나는 오늘, 나에게 주어진 오늘을
무엇으로 채웠나요?

아직 남은 이야기

어른의 삶으로
동화 읽기

『시간을 파는 가게』 이혜린 글, 시은경 그림, 크레용하우스

　세상 모두에게 공평하게 주어지는 것이 있다면 그것은 바로 '시간'입니다. 하지만 시간을 아껴 쓰는 사람이 있고, 허비하는 사람이 있습니다. 쏜살같이 지나가 버리는 이 소중한 시간을 내 마음대로 늘였다 줄였다 할 수 있다면 얼마나 좋을까요!
　개기 월식이 이뤄지는 날만 어두운 골목길에 문을 여는 '시간 가게'가 있습니다. 마법의 시간 약을 사고팔 수 있는 곳! 온갖 신비한 재료들을 녹여서 만든 시간 약을 통해 놀라운 일이 벌어집니다.
　나에게 주어진 귀하고 소중한 시간을 어떻게 잘 보낼 수 있을지 생각해보게 하는, 시간의 소중함을 알려주는 책입니다.

반성이 필요한 건 어른들이다

『레스토랑 Sal』
소윤경 글·그림
문학동네

"이 그림책 어때?"

특히 아이들에게 이렇게 묻고 싶은 그림책이 있다. 소윤경 작가의 『레스토랑 sal』이다. 그림책계의 호러 판타지물이라고 할 수도 있는데 표지와 면지부터 느낌이 남다르다. 간판을 고정한 쇠사슬, 접시 옆에 놓인 날카로운 포크와 나이프, 차가운 느낌을 주는 금속성의 조리도구들. 이는 소녀가 앞으로 이곳에서 겪게 될 기묘한 일을 예고해주는 것 같다. 책 속의 글도 그림만큼이나 감각적이다. 소녀의 시선을 따라 '재료 창고'를 둘러볼 때 보이는 글은 마치 홍보영상 속 성우의 가지런하면서도 차가운 음성처럼 레스토랑 어딘가에 달린 스피커를 통해 내 귀에까지 들리는 것 같다.

갖가지 음식들, 그것을 먹어 치우는 입들. 주인공 아이도 식당의 손님들을 보며 나처럼 '게걸스럽다', '추하다' 같은 단어를 떠올렸을지도 모르겠다.

아직 남은 이야기

이런 탐욕스러운 사람들 속에서 빠져나온 소녀는 '이상한 나라의 앨리스'처럼 화장실 통로에서부터 이어진 미지의 공간에 빨려들어 가게 된다. 줄곧 무표정이던 아이가 경악하는 순간이 나오는데 바로 천장까지 쌓아 올린 철창 속의 동물들을 마주하던 순간이다. 겁에 질린 개와 고양이, 실험을 위해 눈에 약품을 넣은 토끼, 두려움에 떠는 새끼를 품에 안은 엄마 원숭이. 아이들도 이런 그림을 볼 때 주인공 소녀처럼 충격을 받을까?

우리 아이들이 적잖게 놀라며 읽었던 책이 있는데 바로 구제역 살처분 사태를 그린, 유리 작가의 『돼지 이야기』이다. 인간의 먹거리를 위해 길러지는 돼지들의 처참한 상황이 담겨있다. 태어나자마자 이빨이 뽑히고 꼬리가 잘린 뒤, 좁은 사육 틀에서 살다가 그것도 모자라 구제역을 이유로 살아있는 채로 구덩이에 던져진 돼지들의 모습을 본 아들은 울먹였다. 돼지들에게 미안하다며 눈물을 흘리는 아이에게 이보다 더 좋은 교육적 타이밍은 없다. 우리는 책 덕분에 '동물의 인권, 약자를 대하는 태도, 멋진 어른의 모습' 등 다소 본질적이지만 세상을 살아가는 데 꼭 필요한 생각에 관해 이야기를 주고받을 수 있었다.

『레스토랑 sal』 출간 후 출판사에 항의 전화가 여러 번 걸려 왔다고 한다. 고기를 먹지 못하게 하려는 의도로 만들어진 책이냐는 것이다. 물론 우리 아이도 『돼지 이야기』를 읽고 채식주의자가 돼야 하나, 고민하기도 했다. 그러나 이런 책들이 주는 효과는 단순히 육식을 절제하는 것에만 있지 않다. 소외된 곳에서 고통받는 존재들을 볼 때, 아이들의 감수성이 구석구석 살아난다. 철창에 갇혀 죽음을 기다리는 음식 재료들을 보며 미안함을 갖기도 하고, 한 접시의 맛있는 음식이 되려고 희생된 동물과 동등한 입장에 서 보기도 한다. 이런 감정의 경험은 채식주의자가 되려는 결심보다 더 소중하다. 낯선 그림책 앞에서 "이 그림책 어때?"라고 물을 때 아이들은 기대 이상의 반응을 보인다. 순수해서 각성도 빠르다.

어른이랍시고 꽉 막힌 시선으로 출판사에 항의 전화를 할 때가 아니다. '내 삶이 너무 탐욕적으로 흐르는 것은 아닌지, 동물들의 복지는 어떠한지, 약자들에 대한 태도는 건강한지' 반성이 필요한 건 바로 어른들이다.

● 김혜경

『레스토랑 Sal』이 어른의 삶에 던지는 질문

더불어 살아가는 이 지구상에서
인류의 욕망으로 파괴된 것들은 어떤 것이 있을까요?

아직 남은 이야기

어른의 삶으로
동화 읽기

『세 장의 욕망 카드』 김경옥 글, 용란 그림, 아이앤북

규리는 자기애가 강한 6학년 여자아이입니다. 자신이 처한 환경을 인정하지 못하고 부자를 향한 동경과 욕망으로 인해 거짓과 위선으로 자신을 만들어 가지요. 개발로 인해 초고층 아파트가 들어서면서 부자 동네로 탈바꿈한 건너편 동네와 가난한 자기 동네를 비교하면서 박탈감과 위축감을 느끼기도 합니다. 그러다 보니 친구를 대할 때도 늘 거짓과 속임으로 대합니다.

자신의 욕망을 채우고 싶어 규리 스스로 만든 욕망 카드 세 장. '무엇이든 사고 싶은 카드'와 '성적을 오르게 하는 카드', '친구의 사랑을 끌어오는 카드'로 규리는 자기에게 최면을 걸듯 합리화시키며 도둑질을 합니다.

욕망으로 가득 찼던 규리가 자기를 사랑하고 자신의 환경을 솔직하게 받아들이는 과정을 통해 그릇된 욕망과 진실한 소망의 차이를 깨닫게 되는 동화입니다.

나도 한때는

『나는 한때』
지우 글그림
반달

'틱'하고 머리 끈이 풀려나갔다. 오랜만에 다시 시작한 스피닝이라 음악에 맞춰 정말 신나게 리듬을 타는 중이었는데 흐름이 끊어졌다! 클라이맥스에서 좌우로 격하게 머리를 흔들면서 열심히 동작을 따라하는 중이었는데 풀려버린 머리 끈 때문에 흥도 사라졌다. 다시 머리를 묶으면서 마음이 더 속상해졌다. 놓친 박자와 다운된 기분도 그렇지만 무엇보다 마음이 불편해진 가장 큰 이유는 머리숱 때문이었다.

어린 시절을 떠올리면 아침마다 엄마가 두 손으로 머리카락을 꽉 움켜잡으시며 힘겹게 묶어주시던 장면이 떠오른다. 예쁜 방울이 달린 머리 끈을 힘주어 돌리며 묶기도 하고, 때로는 숱을 감당하지 못해 핀이 튕겨 나가던 그런 시절이 있었단 말이다. 반곱슬인 머릿결이 마음에 들지 않았지만 그래도 풍성한 머리카락을 갖고 있던 시절이 그립다.

아직 남은 이야기

분명 작년 초까지만해도 머리끈을 두 번만 돌려도 괜찮았는데 언제 또 이렇게 숱이 줄었는지 두 번으로는 헐겁다. 세 번은 돌려서 감아줘야 한다. 그 한 번의 차이가 엄청난 상실감을 안겨준다. 늘어가는 새치를 받아들이기도 힘들었는데 이제 머리숱마저 적어진다니 이건 해도 너무한다. 왜 나에게 이런 시련을 한꺼번에 주시는 건지 속상하고 서럽다. 나보다 나이가 훨씬 많은데 새치도 없고 머리숱도 풍성한 언니들도 많던데 사십 중반도 안된 나는 벌써 갖은 노화가 이리도 빨리 찾아오느냔 말이다. 뭐 좋은 거라고.

인생 선배들이 오래전 하시던 이야기가 생각났다. 나이가 들면 별게 다 부러워지는데 그중 하나가 머리숱이라고 했다. 머리숱이 많은 사람은 부자 못지않다고. 그때는 그리 와닿지 않았던 이야기인데 지금은 마음속 깊이 와닿는다. 모발이식 비용을 생각해서 한 올 마다 금액을 따져보면 더욱더 절실하게 맞장구치게 되는 말이다. 그리고 무엇보다 '머릿발'은 외모에서 큰 비중을 차지한다. 점점 어딘가 허하게 비어 보이는 곳이 늘어가니 마음도 허전해졌다. 어느 날 지인들끼리 모인 자리에서 서로 사진을 찍어주었는데 표정이 잘 나왔는지 확인해보자면서 들여다보다가 휑한 정수리나 옆머리가 발견되어 모두 흥분할 수밖에 없었다. 그때부터 각자 신세 한탄이 시작되면서 흑채를 더 뿌려야 한다거나 탈모 치료로 소문난 병원이 있다는데 거기에 가봐야겠다는 등의 적극적인 의지까지 내비치며 줄어드는 머리숱에 관해 한참을 이야기했다. 들어보니 다들 공통적으로 하는 말인즉슨,

"한때는 나도 머리숱 엄청 많았다!"였다. 그래서 더 충격이 큰 것이다!

나도 한때 머리숱이 참 많았다고 목소리를 높였지만 '한때는 나도'라는 말을 하기 시작하면 진짜 나이가 든 거라고 했는데, '나 정말 늙어가고 있나...'라는 생각이 들었다. 너무 소심해지고 있는 나를 느끼며 위로받고 싶을 때는 뭐다? 그림책이다. 내 마음을 다독여줄 그림책이 필요하다. 때로는 에둘러 하는 위로보다 현실을 그대로 직시하는 것이 더 위로되기도 한다. 이 상황과 딱 맞아떨어지는 그림책 『나는 한때』를 꺼내 찬찬히 읽었다.

이 책은 머리카락이라는 소재를 다루었다는 점에서 신선하다. 시간의 흐름에 따라 사람의 일생과 더불어 변해가는 머리카락의 상태를 보여준다. 아기 때의 새싹 같은 수준의 머리숱, 어릴 때 머리카락에 껌이 붙은 경험, 사춘기 때는 여드름 난 이마를 가리기 위해 앞머리를 커튼처럼 내리고 다니고, 청춘 시절에는 빨강 노랑으로 현란하게 물을 들이는 모습이 되기도 한다. 누군가에게는 자존심의 상징인 장발이기도 했다가 입대를 위해 눈물 바람으로 삭발을 했다가 머리카락은 어느샌가 "여행을 떠나 이상한 곳에 도착"하기도 한다. 가장 내 마음을 건드리는 장면이 여기였다. 머리카락의 여행으로 표현했지만, 배수구 구멍을 덮고 있는 빠진 머리카락 뭉텅이의 모습이 너무 슬펐다. '이거 완전 내 모습인데? 머리를 감을 때마다 얼마나 많이 빠지는지, 이러다 진짜 휑한 두피가 되는 거 아닐까'하는 불안감에 시달리고 있는 내 모습이 겹친다.

여기서 끝이 아니다. 책의 내용은 뒤로 갈수록 더 짠해진다. 나이 들어가는 다양한 노년층의 모습이 나오기 시작하고 그만큼 다양한 머리 스타일이 등장한다. 우아하기를 기대하며 은발을 고수하는 사람, 청춘을 되돌리고 싶은 마음으로 새치염색을 하는 사람, 자연스럽게 섞이도록 그냥 두는 사람들까지. 한때 다양한 이름이었던 머리카락을 사람의 일생에 모습과 함께 보여주는, 어쩌면 우리네 인생을 보여주는 그림책이다.

두 번의 출산으로 숱이 줄고, 그 이후는 스트레스와 여러 가지 이유로 줄어들고 있는 나의 머리카락. 사십 년 넘은 세월의 흐름과 함께 서서히 빠져나간 자리로 옆쪽 두피가 듬성듬성하다. 단골 미용실에 갈 때마다 속상해하면 원장님은 "그래도 뒷머리에는 숱이 아직 많이 있어요." 하시는데 전혀 위로가 되지 않는다. 책의 내용처럼 지금의 나는 어떤 형용사를 넣어 표현하면 어울릴까 고민해봤는데 사오십 대에게 풍성한 머리카락은 '가진 자의 자신감'이지 않을까. 더 이상 자신감이 상실되지 않도록 올겨울에는 용하다는 그 탈모 치료 병원을 꼭 찾아가 보리라. 선생님을 만나면 아마도 제일 먼저 이렇게 말문을 열 수밖에 없을 것 같다.

"선생님, 제가 한때는요."

● 김진향

『나는 한때』가 어른의 삶에 던지는 질문

시간이 흐르면, 모든 것은 변하기 마련입니다.
나의 변화 덕분에 생긴 새로운 채워짐은 무엇인가요?

어른의 삶으로 동화 읽기

『시간을 굽는 빵집』 김주현 글, 모예진 그림, 노란상상

어느 한적한 동네의 길모퉁이에 있을 법한 작은 가게, 그곳은 '시간을 굽는 빵집'입니다. 어느 날, 만길이는 황홀한 냄새에 끌려 그만 자기도 모르게 빵집 안으로 들어가고 맙니다. 그냥 평범한 빵집 같아 보이지만 사실 그곳은 아주 특별한 '시간을 굽는 빵집'입니다. 이곳에서는 아무 빵이나 사 먹을 수 없습니다. 내가 오래오래 간직하고 싶은 시간을 직접 반죽해서 나만의 빵으로 구워 먹는 '개인 맞춤형 빵집'입니다.

만길이는 얼떨결에 주방까지 들어가 제빵사 아저씨를 도와 빵을 만들게 됩니다. 제빵사 아저씨도 만길이의 도움에 보답하고자 빵으로 굽고 싶은 시간이 있는지 물어보게 되지요. 만길이는 어떤 시간을 빵으로 굽고 싶을까요?

주어진 시간의 소중함과 추억에 관해 이야기하는 책입니다.

우리 집 어린이

『내가 아빠에게 가르쳐 준 것들』
미겔 탕코 글그림
심재원 옮김
위즈덤하우스

우리 집에는 어른 두 명과 어린이 한 명이 함께 산다. 단순하게 보면 어른의 수가 어린이의 수보다 두 배 많으니 우리 집에서는 어른의 비중이 더 클 것 같다. 하지만 알다시피 '어린이'라는 존재가 한 사람분의 몫만 할 만큼 그렇게 희미하지가 않다. 우리 집 어린이는 많은 면에서 어른 두 명의 몫보다 크다.

예를 들면 '말'.

우리 집 어린이가 집에 오는 것은 현관문이 열리기도 전부터 소리로 알 수 있다. 현관 밖 엘리베이터에서부터 웃음이 묻어있는 소리가 들려온다. 그러면 얼굴을 보기도 전이지만 나도 모르게 웃음이 난다. 어린이에게는 늘 까르륵 귀여운 웃음소리가 붙어있다. 어린이가 집에 들어오는 그 순간부터 집 안의 공기가 달라진다. 어린이는 생기와 함께 들어온다. '살아있다는 것은 이런 것이구나!' 하고 느낄 수 있게 온몸으로 그 생기를 뿜어낸다. 또 할 말은 어찌나 많은지 눈 뜨자마자 시작해서 잠자기 직전까지 말을 한다. 마치 미리 일어나서 할 말을 생각하고 있었던 것처럼 침대에서 눈을 뜨는 동시에 멀쩡한 말을 하기 시작한다. "엄마, 장수풍뎅이 중에 누가 제일 센지 알아?", "엄마, 이번 1학년은 힘이 엄청나게 세더라?" 이런 말을 한다. 또 자기 직전까지도 이것저것을 말하다가 하던 말을 채 끝내지 못하고 갑자기 잠들어버리기도 한다. 어쩌면 저렇게 다양한 주제로 끊임없이 말을 하는 걸까. 참 신기하고 가끔은 부럽기도 하다.

또 하나 예를 들자면 '움직임'.
우리 집 어른들이 서너 걸음 걸을 때면 어린이는 이미 몇 걸음을 뛰고, 샛길로 들어섰고, 꽃을 보고, 바닥에 떨어진 보물(우리 눈에는 쓰레기인)을 찾고, 나뭇가지를 줍고, 자기만의 놀이가 시작되어 있다. 경제적인 어른의 움직임을 기준으로 보자면 어린이의 움직임은 얼마나 비경제적으로 보이는지 모른다. 잘 만들어 놓은 길을 따라 걸으면 많이 움직이지 않고 체력도 덜 쓰면서 편안하게 걸어갈 수 있는데 왜 길이 아닌 곳으로 가느라 몸을 몇 배로 움직이면서 모험을 시작하는 것인가 하는 생각이 든다. 어른에 비하면 현저히 짧은 다리로 어찌나 동에 번쩍 서에 번쩍하는지 그 능력이 놀랍다.

그림책 『내가 아빠에게 가르쳐 준 것들』 속 어린이는 아빠에게 여러 가지를 가르쳐준다. 자리까지 잡고 누워 개미를 계속 들여다보는 것은 아빠에게 느긋해지는 법을 가르쳐주는 것이다. 노는 방법을 가르쳐 주려다 명상

중인 아빠에게 실수로 야구공이 날아가기도 한다. 야구공 때문에 아빠의 안경이 망가지지만 그건 아빠에게 용서하는 방법을 가르쳐주기 위해서다.

그림책을 보면서 두 가지 감정이 올라왔다. 즐거움과 부끄러움이다. 그림책 속 어린이의 모습을 보면서 우리 집 어린이와 나의 어릴 적 모습이 떠오르며 즐거웠다. 반면 어린이와 함께 사는 어른인 지금 내 모습이 떠오르면 너무 부끄러웠다. 어린이는 어른에게 말로 무언가를 가르쳐주지 않는다. "자, 지금부터 어른들에게 가르쳐주겠습니다. 잘 보세요."하고 말하며 행동을 시작하지도 않는다. 그러니 곰곰 생각하면서 어른이 스스로 찾고 배워야 한다. 어른으로서 조금 이해가 안 되는, 혹은 답답한 어린이들의 행동들을 보면서 '또 시작되었구나…'하며 속을 끓이지 말고 '지금 저 아이는 나에게 무언가를 가르쳐 주고 있다.' 하는 주문을 외우면서 어린이를 이해하는 연습을 해야 한다.

우리 집 어린이는 엄마, 아빠에게 '말에 묻어있는 웃음이 얼마나 여러 사람을 행복하게 만드는지'를 가르쳐주고, '다른 사람의 말을 잘 듣는 방법'을 가르쳐주고 있다. '지금 이 순간에 충실해지는 방법'과 '같은 곳을 가더라도 더 재밌게 가는 방법'을 가르쳐주고 있다. '어깨의 힘을 풀고 느긋하게 걸어도 된다'는 것을 가르쳐 주고 있다. 생각의 관점을 바꾸면 어린이는 우리를 힘들게 하는 개구쟁이에서 우리를 말랑말랑하게 만들어주는 철학자로 보인다.

그림책 마지막에서 어린이는 말한다.

"비록 나는 작지만, 아빠가 잘 자라도록 도와줄게요."

든든하다. 어린이와 함께 생활할 수 있는 시간은 기간 한정 선물이다. 이 멋진 기회를 마음껏 즐기며 나도 잘 자라 볼테다.

앞뒤 재지 않고 솔직하게 말하고, 요령 피우지 않고 활기차게 움직이는, 투명해서 더 멋지고 아름다운 어린이의 모습들은 나를 절로 겸손하게 만든다.

● 김혜련

『내가 아빠에게 가르쳐 준 것들』이 어른의 삶에 던지는 질문

내가 아이들에게서
배운 점은 어떤 것이 있을까요?

아직 남은 이야기

어른의 삶으로
동화 읽기

『갑자기 악어 아빠』 소연 글, 이주희 그림, 비룡소

아빠가 갑자기 악어로 변했습니다. 평소에는 잔소리 많고, 휴일이면 누워서 티비만 보던 아빠가 악어로 변하자 갑자기 피자도 사 주고, 컵라면도 사 주고 변신 로봇도 사 줍니다. 잔소리는커녕 이이들과 자유롭게 놀며 행복한 미소를 짓습니다. 동물로 변한 부모님들이 여기저기서 속출하는데…

이야기는 갑갑하기만 했던 어른이 사회적 억압에서 벗어나 잃어버린 동심을 찾고 가족과의 관계를 회복하며 자연 그대로의 인간성을 회복하는 모습을 보여줍니다. 아이와 부모 모두 함께 뛰어놀며 자유롭게 즐기는 시간을 통해 억압된 욕망을 해소하는 멋진 순간을 맛볼 수 있을 것입니다. 따뜻함과 행복함으로 카타르시스를 느낄 수 있는 이야기입니다.

두 발을 땅에 붙이고

『나의 프리다』
앤서니 브라운 글·그림
공경희 옮김
웅진주니어

어릴 때부터 어른이 되어서까지 오랫동안 늘 꾸던 꿈이 있었다. 하늘을 나는 꿈이었다. 새처럼 날개가 있는 것도 아니었고 날 수 있는 도구를 장착하고 나는 것도 아니었다. 아래로 경사진 언덕에서 어렵지 않게 두세 걸음 도움닫기를 하면 거짓말같이 발이 땅에서 떨어지고 서서히 하늘을 향해 날아올랐다. 꿈속이지만 하늘을 향해 날아오를 때는 늘 심장이 두근거렸는데 땅에서 도움닫기를 해서 날아오를 때보다 아파트 베란다나 옥상 같은 곳에서 뛰어내릴 때는 특히 더 그랬다. '날 수 있을까? 내 능력이 없어졌으면 어떡하지? 추락해버리면 어떡하지?' 이런 걱정을 하면서도 날기로 결심하면 여지없이 뛰어내렸다. 내가 날 수 있다는 것을 아무도 몰랐기 때문에 늘 아무도 없는 곳에서 날기 시작했다. 마치 슈퍼맨이나 원더우먼이 숨어서 변신하듯 아무도 없는 곳에서 날기 시작해서 산꼭대기로 날아올라 남들이 보지 못하는 광경을 보곤 했다. 내 눈에 들어왔던 그때의 산과 들이 얼

아직 남은 이야기

마나 장엄했던지, 나는 지금도 그때 꿈속에서 보았던 항공샷을 잊지 못한다. 그림 솜씨가 있다면 그려보고 싶을 만큼 생생히 남아있다.

어린 프리다도 날고 싶었다고 한다. 소아마비로 불편했던 몸에서 벗어나 훨훨 자유롭고 싶었을 것이다. 그래서 창문에 그린 문을 향해 상상의 세계로 훨훨 날아올랐고 땅속까지 내려가 소리 없이 웃으며 춤추는 비밀 친구를 만났다고 한다. 프리다는 그렇게 외톨이였던 자신을 다독였을 것이다.

그런데 나의 무의식은 도대체 왜 그토록 날기를 갈망했을까?『나의 프리다』를 읽으며 다시 꿈속의 그곳으로 날아올라보았다. 오랜만에 맘껏 날아올라 넓디넓은 세상과 마주했다.

어린 프리다의 비행은 친구를 찾아가는 비행이었다. 날아간 그곳에는 비밀 친구가 있었고 프리다는 그 친구를 향해 마음에 맺힌 비밀들을 털어놓았다고 한다. 그리고 아주 크게 웃었다고 한다. 어린 프리다의 마음으로 그려진 그림책 덕분에 나도 어린 시절의 꿈으로 돌아갈 수 있었다. 잊을 수 없는 '날아오르는 꿈'을 한 장면 한 장면 떠올려보니 결국 나의 날갯짓은 어딘가로 날아가려는 목적을 가진 것이 아니라 그저 한참을 날아다니며 비행하는 것, 그 자체로 행복한 것이었다. 엄마랑 갔던 시장통도 가보고, 동네 한 바퀴를 돌며 구석구석 친구들도 찾아보고, 산과 들로 날아올라 초록으로 뒤덮인 세상을 보며 시원하게 자연의 맑은 공기를 숨쉬기도 했다. 그러니 내가 날아올랐던 이유는 그저 '쉼'이 아니었을까 생각하게 된다. 어릴 때부터 친구들과 어울리기보다는 혼자 있기를 좋아하고, 혼자 놀기를 잘했던 내가 복잡한 세상에서 쉬고 싶을 때 쉼을 향해 성큼 날아올랐던 것이다.

프리다는 비밀 친구와 만나 행복을 누리고 다시 집으로 돌아간다. 그 결론이 참 좋았다. 상상의 세계에 빠져 현실을 외면하지 않고 다시 돌아와 현실을 살아가니 참 다행이다 싶었다. 누구나 비행을 꿈꾼다. 남들보다 높이 날아 성공하는 꿈을 꾸기도 하지만 그저 일상의 탈출을 위해 날아오르기도 한다, 퇴근짤로 유명해진 애니메이션의 한 장면처럼 "안녕히 계세요, 여러분. 전 이 세상의 모든 굴레와 속박을 벗어던지고, 제 행복을 찾아 떠납니다. 여러분도 행복하세요~~~" 하고 지붕을 뚫고 날아오르고 싶어 한다. 하지만 진짜 행복한 건 자기 세상으로 돌아와 일상을 살 나의 일과 나의 사람들이 있다는 것이다.

언제부터인가 하늘을 나는 꿈을 꾸지 않는다. 무의식의 쉼터가 더는 필요 없어졌기 때문인지도 모르겠다. 이제는 두 발을 땅에 꼭 붙이고 살아가는 이 시간의 소중함을 알아버렸기 때문일 것이다.

● 최혜정

『나의 프리다』가 어른의 삶에 던지는 질문

활짝 핀 날개로 날아올라
진짜 가고 싶은 그곳에는 무엇이 있나요?

어른의 삶으로 동화 읽기

『영모가 사라졌다』 공지희 글, 오상 그림, 비룡소

　　영모와 병구는 같은 반 친구입니다. 영모는 자신에게 큰 기대를 걸고, 폭력으로 자신을 마음대로 하려고 하는 아버지가 두렵고, 병구는 이혼한 후, 자신을 찾아오지 않는 아버지가 밉습니다. 아픔을 공유한 영모와 병구는 가장 친한 친구가 됩니다. 그러던 어느 날, 영모가 느닷없이 사라집니다. 영모를 찾아 헤매던 병구는 고양이 담이의 도움을 받아 판타지 공간 라온제나로 들어가 영모를 찾아냅니다. 하지만 영모의 모습은 예전의 모습이 아닙니다.

　　라온제나는 상처받은 마음을 치유 받는 공간입니다. 병구와 영모의 진한 우정은 라온제나에서 둘을 다시 만나게 하고 치유와 성장을 경험하고 현실로 돌아오게 합니다. 이해할 수 없는 어른들의 행동, 그것으로 인해 받는 아이들의 상처가 한꺼번에 모두 치유될 수는 없지만, 아이들은 조금씩 성장하며 오히려 부끄러운 어른들을 다독이기도 합니다. 못난 어른들의 모습에 고개가 숙어지는 이야기입니다.

나가며

고맙다! 그림책!

솔까말!

'솔직하게 까놓고 말해서' 그림책을 읽고 글쓰기를 하겠다고 모였지만, 그림책으로 이렇게 어른의 인생을 끝없이 이야기하며 마음을 위로받고, 생각이 자랄 수 있을지 몰랐습니다. 아이들은 책을 통해 자랍니다. 아직 경험하지 못한 세상이 참 많이 있으니까요. 하지만 어른들이 책을 통해 성장하는 일은 쉽지 않습니다. 아이들처럼 순수하게 책 속 이야기에 공감하고 책 속 아름다움을 받아들이지 못하니까요. 책을 많이 읽은 지식인이나 다독가들의 삶이 모두 바람직하고 아름답지 않은 경우를 종종 보는 것도 그 때문인 것 같습니다.

하지만 우리는 성장했고,
이제 이렇게 자라는 일을 멈추지 않으려고 합니다.

그림책이 우리에게 주었던 위로, 그림책이 우리에게 주었던 용기, 그림책이 우리에게 주었던 희망을 잊지 않으려고 합니다. 그림책처럼 예쁜 세상, 동화처럼 아름다운 세상을 향해 뚜벅뚜벅 걸어가 보려고 합니다. 그래서 우리의 마지막 이야기는 '아직 남은 이야기'였습니다. 우리의 자람이 우리가 사는 세상 한 귀퉁이를 조금 더 아름답게 만들 수 있으면 좋겠습니다. 우리 아이들이 사는 세상이 좀 더 평화로워졌으면 좋겠습니다.

고맙다! 그림책!

글쓴이들 소개

- 김진향
  책 읽어주기가 즐거움이자 특기인 초등학교 선생님이다. 자꾸 사들이는 책을 쌓아둘 곳이 없는 것이 고민인 책 덕후다. 사춘기 아들과 딸 때문에 늘 걱정이 많지만 이조차도 책으로 이겨내려 애쓰는 중이다. 앞으로가 더욱 기대되는 삶을 꿈꾸며 근사한 노년으로 나이 들고 싶다.

- 김태은
  건강하게 자기를 세워가는 삶에 진심이다. 때로는 도전하고 때로는 누리며 진짜 자기다움을 가꾸며 아름답게 익어가기를 소망한다. 자신뿐 아니라 가르치는 초등학교 친구들에게도 그림책으로 건강하게 자신을 세워갈 수 있도록 돕는다.

- 김혜경
  한적한 시골 마을에 나무집을 짓고 '아르카북스'라는 북스테이형 책방을 만들어 가족과 함께 제2의 인생을 살고 있다. 아름다운 자연 속에서 좋은 책, 따뜻한 이웃들과 벗하여 살아가는 지금의 삶을 몹시 사랑한다.

- 김혜련
  세상에는 읽어도 읽어도 읽을 책이 끝없이 있어 행복하다. 부부와 아이가 같이 성장하며 우리다운 모습으로 행복한 삶을 살기 원하는 마음으로 대안학교 학부모가 되었다.

- **이은경**
  마을 공동체를 운영하며 모두가 행복한 세상을 꿈꾼다. 책, 글쓰기, 하브루타. 좋아하는 것들을 통해 세상과 소통하며 우리 아이들이 더 나은 세상을 살 수 있도록 고군분투하는 몽상이 살짝 깃든 행동가이다.

- **정수정**
  초등학교 사서 선생님으로 사는 삶이 행복하다. 좋은 책을 발굴하여 아이들에게 권해주는 일을 천직으로 여기며 언제나 미소로 아이들과 만난다. 책보다 아이들이 더 좋다고 하는 아동학 박사다. 조용하고 엄격한 규칙이 있는 도서관보다는 시끌벅적 행복한 도서관을 꿈꾼다.

- **최혜정**
  오지랖 태평양, 시키지도 않은 일 벌이기가 주특기다. 그림책이 좋아 그림책 모임을 여기저기 만들고, 함께 읽고 글을 쓰며 행복해한다. 이런저런 책들을 썼지만 가장 최근에 내어놓은 책은 『그림책 마음치료 다이어리』이다.